Yum Cha: Asiatische Leckerbissen

KÖNEMANN

Kleines Zutatenlexikon

Die Vielfalt an Kräutern, Gewürzen und besonderen Zutaten der asiatischen Küche braucht auch den Hobbykoch nicht zu schrecken: Die nachfolgende Grundausstattung an asiatischen Produkten ist in Asiengeschäften und Spezialitätenabteilungen größerer Supermärkte erhältlich.

Bambussprossen
Auch unter der Bezeichnung Bambusschößlinge als Dosenkonserve im Handel. Reste können in Wasser bis zu einer Woche lang aufbewahrt werden, wobei das Wasser täglich erneuert werden muß.

Tofu
Ist frisch, getrocknet und fritiert, in festerer und weicherer Konsistenz erhältlich. Tofu wird aus Sojabohnen hergestellt und ist äußerst eiweißreich. Frischer Tofu wird zur Aufbewahrung in Wasser gelegt (täglich erneuern!) und hält sich so bis zu 5 Tagen im Kühlschrank. Da frischer Tofu, auch der festeren Sorte, sehr weich und zerbrechlich ist, sollte er beim Braten vorsichtig gewendet werden. Fritierter Tofu ist goldbraun vorgebacken und von schwammiger Konsistenz. Er hält sich nur 2–3 Tage, am besten in einem luftdichten Behälter. Tofu ist auch in Reformhäusern und Naturkostläden erhältlich.

Bohnensprossen
Diese knackigen Sprossen der Mungobohnen verderben sehr schnell und sollten höchstens 1–2 Tage in Wasser im Kühlschrank aufbewahrt werden. Sie werden nur kurz gegart und verleihen Gerichten eine knackig-frische Note. Asiatische Köche entfernen gewöhnlich die dünnen, krummen Enden.

Kichererbsenmehl
Ein in der indischen Küche gebräuchliches Mehl, das einen eigenen Geschmack und eine spezifische Konsistenz aufweist. Im Reformhaus erhältlich.

Schwarze Bohnen
Stark gesalzene, fermentierte Sojabohnen, die vor dem Verzehr gründlich gewaschen werden müssen. Luftdicht verpackt halten sie im Kühlschrank unbegrenzt. Als Dosenkonserve oder getrocknet im Handel.

Schwarze Morcheln (Wolkenohrpilze)

Eine Pilzart, die in getrocknetem Zustand abgepackt im Handel ist. Vor dem Gebrauch werden die Pilze in heißem Wasser eingeweicht und quellen dann zu einem Vielfachen ihres ursprünglichen Volumens auf. Man verwendet sie mehr wegen ihrer Konsistenz als wegen ihres milden Geschmacks.

Glasnudeln

Transparent wirkende, getrocknete Fadennudeln. Zum Weichkochen läßt man sie meist nur in heißem Wasser

quellen, eventuell auch kurz köcheln.

Chinesische Wurst (Lup Chiang)

Würzige Schweinefleischwürstchen, die vor dem Verzehr über Dampf gegart oder gebacken werden. In Asienläden werden sie entweder im Kühlfach oder ungekühlt in Vakuumverpackung angeboten. Im Kühlschrank bis zu 3 Monaten haltbar.

Koriander

Dieses Kraut wird zur Geschmacksverfeinerung und zum Garnieren verwendet. Die frische Pflanze kann komplett verarbeitet werden. Ganze Samenkörner kann man rösten, meist sind sie jedoch zu Pulver vermahlen. Koriander ist bei Gewürz- oder guten Gemüsehändlern erhältlich.

Kreuzkümmel

Ein pikantes Gewürz, das für Currypasten unerläßlich ist. Es ist als ganzer Samen und Pulver erhältlich. Sein Geschmack entfaltet sich am besten in fettlos gebratenen Speisen.

Bockshornklee

Die gerösteten und gemahlenen Samen verfeinern Currypasten und indische Gerichte. Wegen des mitunter bitteren Geschmacks vorsichtig dosieren!

Fischsauce

Eine scharfe, salzige Sauce, die in der Thai-Küche und - in einer dunkleren Variante - in der vietnamesischen Küche weit verbreitet ist. Im Kühlschrank unbegrenzt haltbar.

Fünf-Gewürze-Pulver
Eine handelsübliche und in der chinesischen Küche unentbehrliche, schmackhafte Gewürzmischung. Das Gewürz sollte vorsichtig dosiert werden, da es sonst andere Geschmacksnoten überdeckt.

Mehlsorten
Asiatisches Reismehl ist ein feines, leichtes Mehl, das aus kurzkörnigem Reis gemahlen wird. Teighüllen und -taschen aus Reismehl werden beim Fritieren besonders knusprig. Tapiokamehl kann anstelle von Stärkemehl verwendet werden und dient der Zubereitung vieler asiatischer Teigwaren. Chinesische Weizenstärke wird zur Herstellung von transparentem Teig für Gow Gee und Teigtaschen benötigt.

Chinesischer Schnittlauch
Auch Schnitt-Knoblauch; zeichnet sich durch breite, flache Halme mit dezent-würzigem Geschmack und wohlschmeckende Blüten aus. Er ist frisch in Asienläden erhältlich.

Hoisinsauce
Eine dickflüssige, rotbraune Sauce mit süßlich-würzigem Geschmack. Sie wird aus Sojabohnen und Gewürzen hergestellt.

Getrocknete chinesische Pilze
Sie besitzen einen unvergleichlichen, holzigen Geschmack und sind abgepackt erhältlich. Zur Zubereitung werden sie in heißem Wasser eingeweicht und dann in Scheiben oder Stücke geschnitten, wobei der harte Ansatz entfernt wird.

Austernsauce
Eine aromatische, cremig-milde Sauce. Obwohl sie aus Austern und Sojasauce gefertigt wird, schmeckt sie nicht ausgeprägt nach Fisch und paßt daher zu vielerlei Speisen. Nach dem Öffnen im Kühlschrank aufbewahren.

Reispapierblätter
Zu ihrer Herstellung wird ein Teig aus Reismehl und Wasser zu hauchdünnen Crêpes geformt und in der Sonne getrocknet. Das Reispapier kann im Asienladen fertig gekauft werden. Vor der Verwendung werden die zerbrechlichen Blät-

ter mit Wasser abgebürstet, bis sie weich sind.

Sesamöl
Dieses äußerst geschmacksintensive Öl wird aus Sesamkörnern gewonnen. Es wird in der chinesischen Küche vielfach verwendet, sollte jedoch sparsam dosiert werden.

Chinesischer Wein (Shaosing-Wein)
Ein preiswerter Wein, der sich zum Kochen eignet. Ersatzweise kann auch trockener Sherry verwendet werden.

Sojasauce
Die aus Sojabohnen hergestellte, aromatisch-salzige Sauce ist in verschiedenen Sorten erhältlich: am gängigsten ist die helle Sojasauce; für kräftige Fleisch- und Hähnchengerichte wird die dunkle Sauce verwendet; eine dritte Variante wird bei der Herstellung abschließend mit Pilzen verfeinert. Sojasauce ist in Flaschen abgefüllt im Handel erhältlich und unbegrenzt haltbar.

Eingelegter Rettich
Ein mit Salz konservierter Rettich, der - in kleinen Portionen genossen - zahlreiche Speisen verfeinert. Packung nach dem Öffnen im Kühlschrank aufbewahren.

Wasabi
Sehr scharfer grüner Meerrettich, der vor allem in der japanischen Küche Verwendung findet. Er ist als Paste, getrocknet und als Pulver im Handel erhältlich und muß sparsam dosiert werden.

Wasserkastanien
Diese leicht süß schmeckenden Früchte besitzen eine knackige, bißfeste Konsistenz und sind als Dosenkonserve erhältlich. In Wasser eingelegt sind sie 3-4 Tage haltbar (Wasser täglich wechseln!).
Sie sind in asiatischen Lebensmittelgeschäften erhältlich.

Wan-Tan-Teigblätter für Frühlingsrollen
Dünne, runde oder quadratische Teigscheiben, die tiefgefroren und frisch erhältlich sind und bis zum Gebrauch im Kühlschrank aufbewahrt werden können. Während der Zubereitung mit einem feuchten Tuch bedecken, damit sie nicht austrocknen.

Yum Cha

Im alten China ließen sich die Herrscher gerne mit einer bunten Palette saftiger, mundgerecht zubereiteter Häppchen verwöhnen. Heute werden diese abwechslungsreichen Snacks mit dem Namen Yum Cha als Imbiß zum Tee gereicht.

Vietnamesische Frühlingsrollen im Salatmantel

Vorbereitungszeit:
50 Min.
Zubereitungszeit:
20 Min.
Ergibt 20 Stück

50 g Glasnudeln
2 EL getrocknete schwarze Morcheln
500 ml heißes Wasser
20–25 Reispapierblätter
250 g rohes Garnelenfleisch
150 g Schweinehackfleisch
4 Frühlingszwiebeln, gehackt
1/2 Becher Bohnensprossen, grobgehackt
1 TL Zucker
Salz und Pfeffer
1 Ei, geschlagen
Öl zum Fritieren

Zum Anrichten
20 Salatblätter
1 Becher Bohnensprossen
1 Becher Minzblätter

Sauce
2 EL Fischsauce
2 EL kaltes Wasser
1 TL brauner Zucker
1 TL Chilischote, gehackt
2 EL frische Korianderblätter, gehackt

1. Nudeln und Pilze getrennt in heißem Wasser ca. 10 Minuten einweichen. Die Pilze abtropfen lassen, grob hacken und beiseite stellen.
2. Die Reispapierblätter einzeln mit reichlich Wasser abbürsten und 2 Minuten stehen lassen, bis sie weich und biegsam sind; dann auf einem Teller stapeln. Das Garnelenfleisch fein hacken und mit Schweinehackfleisch, Frühlingszwiebeln, Bohnensprossen, Zucker, Salz, Pfeffer, Nudeln und Pilzen in einer Schüssel gut vermengen. Für die Rollen je 1 TL Füllung an den unteren Rand eines Teigblattes geben, die Seiten einschlagen und aufrollen. Die Ränder mit Ei bestreichen und die Frühlingsrollen auf ein Backblech legen.
3. Mit Küchenpapier überschüssiges Wasser von den Rollen abtupfen. 4–5 cm hoch Öl in einem Topf erhitzen; die Frühlingsrollen portionsweise goldgelb fritieren (etwa 2–3 Minuten). Auf Küchenpapier abtropfen lassen.
4. Auf jedes Salatblatt eine Rolle legen, je 1 EL Bohnensprossen und 2 Minzblätter darüberstreuen und fest aufrollen. Mit der Sauce servieren.
5. Für die Sauce Fischsauce, Wasser, Zucker, Chili und Koriander in einer Schale vermengen.

Hinweis: Getrocknete Reispapierblätter sind in Asienläden erhältlich. Sie sind äußerst zerbrechlich, daher immer Ersatz bereit halten! Nach dem Einweichen übereinander legen, damit sie während der Zubereitung feucht bleiben.

Vietnamesische Frühlingsrollen im Salatmantel

Hähnchenbissen mit Honigkruste

Vorbereitungszeit:
15 Min. + 12 Std. Marinierzeit
Zubereitungszeit:
15 Min.
Ergibt ca. 15 Stück

2 TL Honig
2 TL heißes Wasser
2 TL Zitronensaft
2 Knoblauchzehen, zerdrückt
2 TL Ingwer, gerieben
2 Hähnchenbrustfilets
Salz und Pfeffer
Öl zum Fritieren
Teig
1 EL Weizenmehl
2 TL Öl
2 EL Wasser
2 TL Honig
1 EL Sojasauce
1EL Sherry
1 Eiweiß

1. Honig, Wasser, Zitronensaft, Knoblauch und Ingwer in einer Schale vermengen. Das Hähnchenfleisch in feine Streifen schneiden, auf einen Teller legen und mit der Honigmarinade bestreichen. Zugedeckt 12 Stunden im Kühlschrank ziehen lassen. Anschließend mit Salz und Pfeffer würzen und abtropfen lassen.
2. **Für den Teig:** Mehl, Öl, Wasser, Honig, Sojasauce und Sherry in eine Schüssel geben und zu einem geschmeidigen Teig verarbeiten. Das Eiweiß schaumig, aber nicht ganz steif schlagen und rasch unter den Teig heben.
3. Die Hähnchenstreifen in den Teig tauchen, kurz abtropfen lassen. 3–4 cm hoch Öl in einem Topf erhitzen und die Hähnchenstücke goldbraun fritieren. Auf Küchenpapier abtropfen lassen und heiß servieren.

Chili-Calamari

Vorbereitungszeit:
10 Min. + 30 Min. Marinierzeit
Zubereitungszeit:
10 Min.
Für 4–6 Personen

3 Calamari, in Ringen
1 Ei
2 EL süße Chilisauce
1 EL Sojasauce
1 TL frische Korianderblätter, gehackt
1/2 TL Chilischote, gehackt
Öl zum Ausbacken

1. Tintenfischringe, Ei, Saucen, Koriander und Chili mischen. Mindestens 30 Minuten ziehen, anschließend gut abtropfen lassen.
2. In einer Pfanne 1–2 cm hoch Öl erhitzen. Die Calamari portionsweise goldgelb fritieren (etwa 1–2 Minuten). Dazu süße Chilisauce.

Garnelen-Koriander-Toast

Vorbereitungszeit:
15 Min.
Zubereitungszeit:
15 Min.
Ergibt 32 Stück

500 g rohe Riesengarnelen; Schalen und Darm (dunkler Faden an der Rückseite) entfernen
8 Frühlingszwiebeln, gehackt
1 Stengel Zitronengras, gehackt
1 Knoblauchzehe, zerdrückt
1 Eiweiß
1 EL Öl
1 EL frische Korianderblätter, gehackt
1 EL Fischsauce
2 TL Chilisauce
1 TL Zitronensaft
8 Scheiben Toastbrot vom Vortag, ohne Rinde
Öl zum Ausbacken

1. Garnelen, Frühlingszwiebeln, Zitronengras, Knoblauch, Eiweiß, Öl, Koriander, Saucen und Zitronensaft mit dem Pürierstab zu einer feinen Masse verarbeiten.
2. Die Toastscheiben großzügig mit der Masse bestreichen und jeweils in 4 Dreiecke zerteilen.
3. In einer Pfanne 1–2 cm hoch Öl erhitzen. Die Toastbrote mit der Garnelenmasse nach unten 2–3 Minuten

Garnelen-Koriander-Toast (oben); Hähnchenbissen mit Honigkruste (links) und Chili-Calamari

braten, dann wenden und auf der anderen Seite knusprig-gold braun braten (ca. 1 Minute). Auf Küchenpapier abtropfen lassen.

Hinweis: Riesengarnelen sind auch geschält erhältlich.

Muschel-Ingwer-Taschen

Vorbereitungszeit:
40 Min.
Zubereitungszeit:
15 Min.
Ergibt 25 Stück

1 EL Öl
5 cm großes frisches Ingwerstück, geschält und gehackt
4 Frühlingszwiebeln, feingehackt
25 Jakobsmuscheln (350 g), Corail (orangeroter Rogen) entfernen
1 EL chinesischer Wein (Shaosing) oder Sherry
2 TL Sesamöl
1 TL Stärkemehl
Salz und Pfeffer
25 Wan-Tan- oder Eierteig-Hüllen
1 Ei, geschlagen
Öl zum Ausbacken
1/2 Bund chinesischer Schnittlauch

1. Öl erhitzen; Ingwer und Frühlingszwiebeln unter Rühren 2 Minuten bei mittlerer Hitze andünsten. Kochtemperatur erhöhen, bis die Pfanne sehr heiß ist. Die Jakobsmuscheln zugeben und unter ständigem Rühren 30 Sekunden anbraten. Pfanne vom Herd nehmen.
2. Wein, Sesamöl, Stärkemehl, Salz und Pfeffer zu einer geschmeidigen Masse verrühren und über die Muscheln gießen. Das Ganze bei starker Hitze unter Rühren dünsten, bis die Flüssigkeit eindickt (ca. 30 Sekunden). Anschließend abkühlen lassen.
3. Für die Taschen je eine Teighülle an den Rändern mit etwas Ei bestreichen, eine Muschel in die Mitte legen und den Teig zu einem Säckchen zusammenfalten (siehe Bild). Währenddessen die noch unbearbeiteten Teighüllen zugedeckt lassen. Fertige Taschen auf ein Backblech legen.
4. In einer Pfanne 1–2 cm hoch Öl erhitzen und die Taschen darin portionsweise ca. 4–5 Minuten lang backen. Abtropfen lassen. Mit einem Schnittlauchhalm garnieren und sofort servieren.

Hinweis: Verwenden Sie, wenn möglich, chinesische Jakobsmuscheln. Sie sind tiefgefroren im Asienladen erhältlich und sind größer und weißer als andere Jakobsmuscheln. Sollten Sie dennoch andere verwenden, entfernen Sie den Corail und verdoppeln Sie die angegebene Menge.

Muschel-Ingwer-Taschen (links) und Gedämpfte Reisbällchen

Gedämpfte Reisbällchen

Vorbereitungszeit:
25 Min. + 30 Min. Einweichzeit
Zubereitungszeit:
30 Min.
Ergibt ca. 24 Stück

1 Becher Reis
500 g Schweinehackfleisch
4 Frühlingszwiebeln
1 EL Wasserkastanien, gehackt
1 EL Austernsauce
2 TL süße Chilisauce
3 Knoblauchzehen, zerdrückt
1 EL frischer Ingwer, gerieben
1 EL Salz

1. Den Reis 30 Minuten in kaltem Wasser einweichen. Gut abtropfen lassen.
2. Hackfleisch, Frühlingszwiebeln, Wasserkastanien, Saucen, Knoblauch, Ingwer und Salz in einer Schüssel gut vermengen. Aus der Masse walnußgroße Bällchen formen und im Reis wenden.
3. Die Bällchen in den Einsatz eines Dampfkochtopfes legen (nicht übereinanderschichten; gegebenenfalls portionsweise dämpfen). Über kochendem Wasser 25–30 Minuten, bzw. bis sie gar sind, dämpfen. Mit Sauce zum Eintunken servieren.

Thailändische Maispfannkuchen

Vorbereitungszeit:
25 Min.
Zubereitungszeit:
20 Min.
Ergibt ca. 15 Stück

2 Becher gefrorene Maiskörner
3 Frühlingszwiebeln, in feinen Streifen
4 cm Ingwerwurzel, feingerieben
2 Knoblauchzehen, zerdrückt
1/2 Becher frische Korianderblätter, gehackt
1/4 Becher Stärkemehl
2 Eier, geschlagen
2 TL Fischsauce
1 TL brauner Zucker
Öl zum Ausbacken

1. Mais, Frühlingszwiebeln, Ingwer, Knoblauch und Koriander in einer Schüssel mischen. In einer zweiten Schüssel Stärkemehl, Eier, Fischsauce und Zucker vermengen und mit einem Kochlöffel unter die Maismischung rühren.
2. In einer großen Pfanne 1–2 cm hoch Öl erhitzen. Pro Pfannkuchen einen EL der Mischung in die Pfanne geben und auf beiden Seiten 1–2 Minuten bei mittlerer Hitze knusprig braten. Auf Küchenpapier abtropfen lassen und sofort servieren.

Scharfe Fischspießchen

Vorbereitungszeit:
10 Min. + 60 Min. Kühlzeit
Zubereitungszeit:
10 Min.
Ergibt ca. 12 Stück

1 grüne Chilischote, entkernt
1 Knoblauchzehe, zerdrückt
2 Frühlingszwiebeln, gehackt
1 TL Ingwer, gerieben
1/2 TL Koriander, gemahlen
40 g Macadamianüsse, gehackt
1 Stengel Zitronengras, feingehackt
1 EL Öl
250 g weißes Fischfilet
1 EL Sojasauce
Salz und schwarzer Pfeffer

1. Chili, Knoblauch, Frühlingszwiebel, Ingwer, Koriander, Nüsse und Zitronengras mit dem Pürierstab zu einer geschmeidigen Paste verarbeiten.
2. Öl in einer Pfanne erhitzen und die Paste 4 Minuten bei mittlerer Hitze goldbraun braten. Abkühlen lassen.
3. Fisch mit dem Pürierstab sehr fein zerkleinern. Die gebratene Paste, Sojasauce, Salz und Pfeffer zufügen und erneut pürieren. Ca. 60 Minuten im Kühlschrank abkühlen lassen.
4. Je einen gehäuften EL der Mischung um einen Holzspieß drapieren. Unter den vorgeheizten Grill legen und beidseitig je 3 Minuten bräunen. Heiß mit Sataysauce servieren.

Fritierte Karottenbällchen

Vorbereitungszeit:
25 Min.
Zubereitungszeit:
15 Min.
Ergibt ca. 20 Stück

350 g Karotten, geschält und in Scheiben
2 cm großes frisches Ingwerstück, geschält und gerieben
2 Frühlingszwiebeln, feingehackt
2 TL Sesamöl
1 Ei, geschlagen
Salz und Pfeffer
3/4 Becher Weizenmehl
1/3 Becher Sesamsamen
Öl zum Fritieren

1. Karotten in Salzwasser 15 Minuten weich kochen, abgießen und pürieren. Ingwer in einer Knoblauchpresse zerdrücken und den Saft zu den Karotten geben. Frühlingszwiebeln, Sesamöl und Ei zufügen und mit Salz und Pfeffer abschmecken.

Von links: Fritierte Karottenbällchen; Scharfe Fischspießchen; Thailändische Maispfannkuchen

2. Aus der Masse walnußgroße Bällchen formen, in der Mischung aus Mehl und Sesamsamen wenden und leicht abklopfen.

3. In einer Pfanne 3–4 cm hoch Öl erhitzen; die Karottenbällchen portionsweise 2–3 Minuten goldbraun fritieren. Auf Küchenpapier abtropfen lassen und nochmals 30 Sekunden fritieren. Erneut abtropfen lassen und sofort servieren.

Frühlingsrollen

Die knusprigen Rollen wurden mit frischen Bambussprossen gefüllt und als Imbiß beim Frühlingsfest serviert. Heute sind sie für viele ein Inbegriff chinesischer Gaumenfreuden.

Traditionelle Frühlingsrollen
1–2 EL Öl in der Pfanne erhitzen; 2 zerdrückte Knoblauchzehen und ein 3 cm großes Ingwerstück, gerieben, 30 Sekunden dünsten. Je 100 g Hackfleisch von Schwein und Hähnchen sowie 50 g gehacktes, rohes Garnelenfleisch zufügen und 3 Minuten lang braun anbraten. Die Fleischmasse in eine Schüssel umfüllen. Die Pfanne säubern, 1–2 EL Öl erhitzen. 2 feingehackte Selleriestangen, 1 kleine, feingehackte Karotte, 1/2 Becher gehackte Wasserkastanien, 4 gehackte Frühlingszwiebeln und 1 Becher feingeschnetzelten Kohl 2 Minuten bei mittlerer Hitze dünsten. 125 ml Hühnerbrühe, 1 EL Stärkemehl, 2 EL Austernsauce, 1 El Sojasauce und je 1/2 TL Salz und weißen Pfeffer glattrühren, zum Gemüse gießen und unter Rühren eindicken lassen. Die Fleischmasse mit 2 TL Sesamöl verfeinern, gut mischen und kühlstellen.
1/4 Becher Mehl mit 85 ml Wasser glattrühren. 2 kleine, quadratische Teigscheiben auf der Arbeitsfläche ausbreiten; die Ränder der ersten mit etwas angerührtem Mehl bestreichen, die zweite Scheibe darauf legen und ebenfalls an den Rändern bestreichen. 1 1/2 EL der Füllung in die untere Ecke der Teigscheibe geben, die Ecke nach oben und die seitlichen Ränder nach innen falten und alles fest aufrollen. Die übrigen Rollen ebenso zubereiten. In einer tiefen Pfanne 750 ml Öl erhitzen und die Rollen portionsweise ca. 2–3 Minuten goldgelb ausbacken. Auf Küchenpapier abtropfen lassen und mit süßer Chili- und Sojasauce servieren. Ergibt 18 Stück.

Von links: Traditionelle, Vegetarische, Thailändische und Garnelen-Krabben-Frühlingsrollen.

Vegetarische Füllung
1 EL Öl in einer Pfanne erhitzen; 2 zerdrückte Knoblauchzehen, 4 gehackte Frühlingszwiebeln und ein 4 cm großes Ingwerstück, fein geschnetzelt, zufügen. 2 Minuten bei mittlerer Hitze dünsten. 2 feingeschnittene Selleriestangen, 2 Becher geraspelte Karotten, 2 Becher feingeschnetzelten Kohl, $^1/_2$ Becher fritierten Tofu in feinen Streifen, 1 Becher Bohnensprossen und 2 EL gehackte Wasserkastanien zufügen. Zugedeckt 2 Minuten dünsten. 3 TL Stärkemehl mit 1 EL Wasser, 2 TL Sesamöl, 2 TL Sojasauce und je $^1/_2$ TL Salz und weißem Pfeffer glattrühren, zum Gemüse geben und unter Rühren eindicken lassen. Füllung vollständig abkühlen lassen. Rollen zubereiten wie oben.

Thai-Füllung
30 g Glasnudeln in heißem Wasser einweichen; gut abtropfen lassen. 1 EL Öl in der Pfanne erhitzen; darin 3 zerdrückte Knoblauchzehen, ein 3 cm großes Stück geriebenen Galgant oder Ingwer, 3 feingehackte Korianderwurzeln und 3 gehackte Frühlingszwiebeln 2 Minuten unter Rühren anbraten. 200 g Schweinehackfleisch und 2 feingeschnittene Selleriestangen zufügen und 3 Minuten unter Rühren bräunen. 1 Becher geraspelte Karotten, $^1/_2$ Becher gehackte Korianderblätter, $^1/_4$ Becher fein gewürfelte Salatgurke, 1 EL süße Chilisauce, 2 TL Fischsauce und 1 TL braunen Zucker daruntermischen. Vollständig abkühlen lassen. Rollen zubereiten wie oben.

Garnelen-Krabben-Füllung
1 EL Öl erhitzen; 2 gehackte Knoblauchzehen, 4 cm großes Stück Ingwer, gerieben, und 4 gehackte Frühlingszwiebeln 1 Minute unter Rühren anbraten. 350 g gehacktes rohes Garnelenfleisch 3 Minuten mitbraten. 1 Becher grobgehackte Bohnensprossen, $^1/_4$ Becher gehackte Wasserkastanien und 2 EL grob zerstoßene frische Pfefferkörner zufügen. 225 g Krabbenfleisch aus der Dose, abgetropft, und 3 EL gehackte Korianderblätter dazurühren. 1 EL Stärkemehl mit 1 EL Wasser, 1 EL Fischsauce, 1 TL braunem Zucker und $^1/_4$ TL Salz glattrühren, zur Garnelenmasse geben und einkochen lassen. Nach dem Abkühlen Rollen zubereiten wie oben.

1 Wan-Tan-Teigblätter mit einem scharfen Messer in feine Streifen schneiden.

2 Riesengarnelen an der Unterseite vorsichtig einschneiden.

Gefüllte Riesengarnelen in Wan-Tan-Kruste

Vorbereitungszeit:
40 Min.
Zubereitungszeit:
10 Min.
Ergibt 12 Stück

15 Wan-Tan-Teigblätter
12 Riesengarnelen
200 g rohes Garnelenfleisch
4 Frühlingszwiebeln, feingehackt
50 g Schweinespeck, feingewürfelt
1 Eiweiß
½ Becher Stärkemehl
Salz und Pfeffer
1 Ei, leicht geschlagen
Öl zum Fritieren

1. Mit einem scharfen Messer die Teigblätter in feine Streifen schneiden. Riesengarnelen schälen, dabei die Schwänze daranlassen. Köpfe abtrennen. Mit der Spitze eines scharfen Messers den Darm (dunkler Faden am Rücken) entfernen. In die Unterseite längs eine Tasche schneiden.
2. Garnelenfleisch, Frühlingszwiebeln und Schweinespeck mischen und fein wiegen oder pürieren. Die Mischung mit Eiweiß, 3 TL Stärkemehl, Salz und Pfeffer in eine Schüssel geben und mit den Fingern vermengen.
3. Die Garnelen mit je 1 EL der Masse füllen, dabei mit einem Messer so viel Füllung wie möglich in die Tasche pressen. Die verbleibende Füllung mit feuchten Händen außen auf die Garnelen drücken. Garnelen im restlichen Mehl wenden, kurz in das Ei tauchen. Die Wan-Tan-Teigstreifen locker darüberstreuen und andrücken.
4. In einer tiefen Pfanne 3–4 cm hoch Öl erhitzen, Garnelen portionsweise ca. 4 Minuten goldbraun backen. Auf Küchenpapier abtropfen lassen und sofort servieren.

Hinweis: Die Garnelen können bereits am Vortag gefüllt werden. Bis zur endgültigen Zubereitung im Kühlschrank aufbewahren und erst vor dem Backen mit Teig umhüllen!

Gefüllte Riesengarnelen in Wan-Tan-Kruste

3 Die Füllung fest in die vorgeschnittene Tasche pressen.

4 Gefüllte Garnelen vorsichtig in Mehl wenden, dann in geschlagenes Ei tunken.

Samosas

Vorbereitungszeit:
30 Min.
Zubereitungszeit:
10–15 Min.
Ergibt ca. 24 Stück

2 Kartoffeln, geschält
1/2 Becher gefrorene Erbsen
1/4 Becher Korinthen
2 EL frischer Koriander, gehackt
2 EL Zitronensaft
1 EL Sojasauce
1 TL Kreuzkümmel, gemahlen
1 TL Chilipulver
1/2 TL frische Chilischote, gehackt
1/4 TL Zimt, gemahlen
4 Lagen Blätterteig, tiefgekühlt
Öl zum Ausbacken

Minzsauce
125 ml Naturjoghurt
125 ml Buttermilch
1/4 Becher frische Minze, feingehackt
1/2 TL Kreuzkümmel, gemahlen

1. Die Kartoffeln weich kochen und fein würfeln; mit Erbsen, Korinthen, Koriander, Zitronensaft, Sojasauce, Kreuzkümmel, Chilipulver und -schote und Zimt mischen.
2. Aus dem Blätterteig Kreise mit 10 cm Durchmesser ausstechen. Je 1 TL der Mischung auf die Hälfte einer Teigscheibe geben, die andere Hälfte darüberschlagen. Ränder mit einer Gabel fest zusammendrücken.
3. In einer Pfanne 1–2 cm hoch Öl erhitzen, die Teigtaschen beidseitig ca. 2–3 Minuten braten, bis sie aufgehen und goldgelb sind. Auf Küchenpapier abtropfen lassen. Mit Minzsauce servieren.
4. **Für die Minzsauce:** Joghurt, Buttermilch, Minze und Kreuzkümmel glattrühren.

Fritierte Austern

Vorbereitungszeit:
35 Min. + 30 Min. Ruhezeit
Zubereitungszeit:
10–15 Min.
Ergibt 24 Stück

Teig
1/2 Becher Weizenmehl
1/3 Becher Stärkemehl
1/3 Becher Reismehl
1 gehäufter EL Backpulver
1 TL Salz
375 ml kaltes Wasser
2 EL Öl

24 große Austern
1 TL Salz
1 EL Stärkemehl
2 TL Öl
3 cm großes Ingwerstück, geschält und gerieben
3 Frühlingszwiebeln, feingehackt
2 TL chinesischer Wein (Shaosing)
1/4 TL weißer Pfeffer
Öl zum Fritieren

Sauce
3 EL Sojasauce
2 TL Worcestersauce
1/2 TL Sesamöl

1. **Für den Teig:** Mehl, Backpulver und Salz in eine große Schüssel sieben; in die Mitte eine Mulde drücken, nach und nach Öl und Wasser zugießen und alles zu einem dickflüssigen Teig verrühren. Teig 30 Minuten stehen lassen.
2. Austern mit Salz und Stärkemehl in eine Schüssel geben und gut vermengen. Unter fließendem kaltem Wasser sorgfältig abspülen. Die Austern 30 Sekunden in kochendes Wasser geben, dann abgießen.
3. In einer Pfanne das Öl erhitzen; Ingwer und Frühlingszwiebeln 1 Minute bei mittlerer Hitze dünsten. Wein und Pfeffer zufügen. Alles in eine Schüssel umfüllen und die Austern untermischen. Den Teig nochmals gut durchrühren. 4–5 cm hoch Öl in einer tiefen Pfanne erhitzen. Mit Hilfe zweier Löffel die Austern einzeln in den Teig tauchen, abtropfen lassen und 2–3 Minuten ausbacken, bis der Teig aufgeht und goldgelb

Samosas mit Minzsauce (oben) und Fritierte Austern

ist. Auf Küchenpapier abtropfen lassen. Sofort mit Sauce servieren.

4. **Für die Sauce:** Sojasauce, Worcestersauce und Öl anrühren.

Hinweis: Das Wenden der Austern in Salz und Mehl ist unbedingt zu empfehlen. Es entzieht ihnen Schmutzpartikel, die diese Meeresfrüchte häufig auch in verkaufsfertigem Zustand enthalten. Sie werden unter kaltem Wasser abgespült.

Gemüse-Pakoras

Vorbereitungszeit:
15 Min.
Zubereitungszeit:
20 Min.
Für 4 Personen

1 Becher Kichererbsenmehl
1/2 TL Koriander, gemahlen
1/2 TL Kurkuma, gemahlen
1/2 TL Chilipulver
1/2 TL Garam Masala
1 TL Salz
1–2 Knoblauchzehen
200 ml Wasser
1/2 Blumenkohl, in Röschen zerteilt
2 Zwiebeln, in Ringe geschnitten
Öl zum Fritieren

1. Mehl in eine Schüssel sieben; Koriander, Kurkuma, Chilipulver, Garam Masala, Salz und Knoblauch zugeben.
2. In die Mitte eine Mulde drücken, Wasser langsam zugießen und einen dickflüssigen Teig anrühren.
3. Blumenkohl und Zwiebelringe in den Teig tauchen. In einer tiefen Pfanne 3–4 cm hoch Öl erhitzen. Das Gemüse portionsweise 4–5 Minuten goldbraun ausbacken. Auf Küchenpapier abtropfen lassen und nach Belieben mit Minzsauce servieren.

Hinweis: Eingelegte Frühlingszwiebeln eignen sich gut für Pakoras, ebenso Auberginen- und Kartoffelscheiben oder Brokkoliröschen.

Garnelen in Reispapier

Vorbereitungszeit:
35 Min.
Zubereitungszeit:
5–10 Min.
Ergibt 12 Stück

15–20 Reispapierblätter
350 g rohes Garnelenfleisch
4 cm großes Stück Ingwer, gerieben
2 Knoblauchzehen, zerdrückt
3 Frühlingszwiebeln, feingehackt
1 EL Reismehl
1 Eiweiß, geschlagen
2 TL Sesamöl
Salz und Pfeffer
2 EL Stärkemehl
6 TL Wasser
Öl zum Fritieren
2 EL Sesamsamen, geröstet

1. Reispapierblätter portionsweise (je 4 auf einmal) mit reichlich Wasser abbürsten und 2 Minuten einweichen, bis sie biegsam sind. Vorsichtig auf einen Teller legen (sie dürfen auch übereinander liegen) und mit Klarsichtfolie abdecken.
2. Garnelenfleisch fein hacken, mit Ingwer, Knoblauch, Frühlingszwiebeln, Reismehl, Eiweiß, Sesamöl, Salz und Pfeffer mischen und mit den Fingern durchkneten. Stärkemehl und Wasser anrühren. Die Reisblätter nacheinander füllen: Dazu 1 EL der Füllung auf der unteren Hälfte des Reisblatts verteilen, den unteren Rand darüberschlagen, einmal aufrollen, die Füllung etwas flach drücken, die Seiten zur Mitte falten, Ränder mit Mehlpaste bestreichen, und alles ganz aufrollen. Auf saugfähigem Küchenpapier ablegen.
3. In einer tiefen Pfanne 2–3 cm hoch Öl erhitzen; die Taschen portionsweise 4–5 Minuten goldbraun backen. Auf Küchenpapier abtropfen lassen. Mit Sesamsamen bestreuen. Nach Belieben mit Pflaumensauce servieren.

Garnelen in Reispapier (oben) und Gemüse-Pakoras

Gefüllte Wan-Tans

Sie werden aus Hackfleisch, Meeresfrüchten oder Gemüse zubereitet, mit durchsichtigem Wan-Tan-Teig umhüllt und gedämpft oder kross ausgebacken. Alle Rezepte ergeben ca. 30 Stück.

Schweinefleisch-Wan-Tans
250 g Schweinehackfleisch, 125 g gehacktes rohes Garnelenfleisch, 1/4 Becher gehackte Bambussprossen, 3 feingehackte Frühlingszwiebeln, 3 gehackte Pilze, 1 gehackte Selleriestange, 1/2 gehackte Paprikaschote, 1 EL trockener Sherry, 1 EL Sojasauce, 1 TL Sesamöl und 1/2 TL gehackte Chilischote in einer Schüssel gut mischen. Je ca. 1 TL der Mischung in die Mitte einer Teigscheibe geben. Die Ränder mit etwas Wasser bestreichen. Teig zu einem Dreieck falten und Ränder andrücken; die zwei entgegengesetzten Teigecken zusammenführen, so daß ein rundes Täschchen entsteht, und fest andrücken. (Man kann den Teig auch in Form eines Säckchens um die Füllung legen und oben etwas öffnen.) In heißem Öl 4–5 Minuten fritieren oder 25–30 Minuten in einem Dämpfer garen. Mit Sauce zum Eintunken servieren.

Unten, von links nach rechts: Schweinefleisch-, Garnelen-, Fleisch-Tofu-, Krabben- und Hähnchen-Wan-Tans

WEITERE FÜLLUNGEN

Garnelen-Wan-Tans
500 g rohes Garnelenfleisch, 125 g Schweinehackfleisch, 4 gehackte Frühlingszwiebeln, 60 g Pilze, 1/4 Becher gehackte Wasserkastanien, 1 EL trockenen Sherry, 1 EL Sojasauce, 1 Eiweiß und 1 TL Sesamöl mit dem Pürierstab gut verarbeiten. Täschchen wie oben zubereiten.

Fleisch-Tofu-Wan-Tans
250 g Schweinehackfleisch in etwas heißem Öl bräunen. 2 Becher geschnetzelten Chinakohl, 1 Becher Bohnensprossen, 4 feingehackte Frühlingszwiebeln und 1 geriebene Karotte zufügen. Unter Rühren braten, bis der Kohl weich ist. 60 g gewürfelten Tofu, 2 zerdrückte Knoblauchzehen, 2 TL geriebenen frischen Ingwer, 2 EL trockenen Sherry, 1 EL Sojasauce und 1 TL Sesamöl zufügen. Gut mischen, abkühlen lassen und Täschchen wie oben zubereiten.

Krabben-Wan-Tans
200 g abgetropftes, zerkleinertes Krabbenfleisch, 125 g rohes Garnelenfleisch, 4 feingehackte Frühlingszwiebeln, 3 getrocknete Pilze, eingeweicht und gehackt, 1/4 Becher feingehackte Bohnensprossen, 1 EL Teriyakisauce, 2 zerdrückte Knoblauchzehen und 2 TL geriebenen Ingwer vermengen. Täschchen wie oben zubereiten.

Hähnchen-Wan-Tans
375 g gehacktes Hähnchenfleisch, 90 g feingewürfelten gekochten Schinken, 4 feingehackte Frühlingszwiebeln, 1 feingehackte Selleriestange, 1/4 Becher gehackte Bambussprossen, 1 EL Sojasauce, 1 zerdrückte Knoblauchzehe und 1 TL geriebenen Ingwer vermengen.

Thailändische Fischküchlein

Vorbereitungszeit:
15 Min.
Zubereitungszeit:
15 Min.
Ergibt ca. 24 Stück

250 g Fischfilet ohne Gräten, gehackt
4 Frühlingszwiebeln, gehackt
2 Knoblauchzehen, zerdrückt
2 EL frisches Korianderkraut, gehackt
1 Ei
1 EL Thai-Fischsauce
2 TL Chilisauce
1 TL Sojasauce
1/2 TL geriebene unbehandelte Limonenschale
1 EL Limonensaft
1/2 TL Chilischote, gehackt
1/2 Becher Reismehl
Öl zum Ausbacken

1. Fisch, Frühlingszwiebeln, Knoblauch, Koriander, Ei, Saucen, Limonenschale und -saft, Chili und Reismehl mit dem Pürierstab zu einer homogenen Masse verarbeiten.
2. Mit öligen Händen kleine Küchlein formen und in 1–2 cm Öl bei mittlerer Hitze beidseitig goldbraun braten (ca. 2–3 Minuten). Gut abtropfen lassen und nach Wunsch mit süßer Chilisauce servieren.

Hinweis: Besonders kroß werden die Küchlein, wenn man sie vor dem Braten in Stärkemehl wendet.

Chili-Bohnen-Rippchen

Vorbereitungszeit:
20 Min. + 60 Min. Marinierzeit
Zubereitungszeit:
30 Min.
Für 4–6 Personen

1 EL schwarze Bohnen
1 TL Öl
1 EL Ingwer, gerieben
1–2 Knoblauchzehen, zerdrückt
1–2 TL frische Chilischote, gehackt
2 EL chinesischer Wein oder Sherry
2 TL Sojasauce
2 TL feiner Zucker
500 g Rippchen vom Schwein, mundgerecht zerkleinert

1. Bohnen 10 Minuten in 2 EL Wasser einweichen, in einem Sieb abbrausen.
2. Ingwer, Knoblauch und Chili in heißem Öl bei mittlerer Hitze 1 Minute unter Rühren anbraten. Bohnen, Wein, Sojasauce und Zucker zufügen und 1 Minute unter ständigem Rühren mitdünsten. Die fertige Sauce über die Rippchen gießen, diese sorgfältig darin wenden und zugedeckt 60 Minuten im Kühlschrank marinieren lassen.
3. Den Boden eines Dampfkorbs mit Backpapier auslegen. Die Rippchen mit genügend Abstand darauf anordnen (eventuell portionsweise garen). Über kochendem Wasser zugedeckt ca. 30 Minuten dämpfen, bis die Rippchen gar und außen kroß sind. Nach Wunsch mit Chilisauce servieren.

Panierte Garnelen

Vorbereitungszeit:
20 Min. + 30 Min. Kühlzeit
Zubereitungszeit:
10–15 Min.
Für 4–6 Personen

1 kg rohe Riesengarnelen
1/3 Becher Weizenmehl
1/4 TL Fünf-Gewürze-Pulver
1 Ei, leicht geschlagen
2 EL Milch
1 Becher Semmelbrösel
Öl zum Fritieren

1. Garnelen schälen, Darmfäden entfernen, Schwänze daranlassen. An der Rückseite tief einschneiden, öffnen und mit dem Handballen flachdrücken.

Von oben: Chili-Bohnen-Rippchen, Thailändische Fischküchlein, Panierte Garnelen

2. Mehl und Gewürzpulver vermengen; Garnelen darin wenden und abklopfen, in die Ei-Milch-Mischung tauchen und in Semmelbröseln wenden. Auf einen Teller legen (nicht schichten!) und 30 Minuten kaltstellen.

3. In einer Pfanne 4–5 cm hoch Öl erhitzen und die Garnelen darin beidseitig 2–3 Minuten goldgelb und kroß ausbacken. Auf Küchenpapier abtropfen lassen und dann, je nach Wunsch, mit Satay-, süß-saurer, Soja- oder Chilisauce servieren.

Knusprige Ente mit Zitronensauce

Vorbereitungszeit: 40 Min.
Zubereitungszeit: 60 Min.
Ergibt 10 Stück

1,3 kg Ente
2 EL Sojasauce
1 EL Sesamöl
3 cm großes Ingwerstück
3 Frühlingszwiebeln, grobgehackt
Öl zum Fritieren

Zitronensauce
60 ml Zitronensaft
60 ml Wasser
1 TL Stärkemehl
2 TL feiner Zucker
1 TL Essig
1/4 TL Salz
2–3 Tropfen gelber Lebensmittelfarbstoff oder 1 Prise Safranpulver

Teig
1 Ei, leicht geschlagen
1 1/2 EL Stärkemehl
1 EL Wasser
2 TL Sojasauce
1/2 TL Backpulver
Salz und Pfeffer

1. Die Ente in vier Teile zerlegen; überschüssiges Fett an Hals und Keulen entfernen. Sojasauce und Sesamöl mischen und die Ente damit bestreichen. Ententeile in einen Dampfkorb legen und über Wasser, in dem Ingwer und Frühlingszwiebeln mitkochen, zugedeckt 30 Minuten dämpfen (siehe Hinweis). Abkühlen lassen.
2. **Für die Zitronensauce:** Zitronensaft, Wasser, Stärkemehl, Zucker, Essig und Salz in einer Pfanne gut verrühren. Über mittlerer Hitze unter ständigem Rühren köcheln lassen, bis die Sauce eindickt. Noch 1 Minute kochen lassen. Lebensmittelfarbe zugeben und in eine Servierschale umfüllen. Mit Klarsichtfolie abdecken und beiseite stellen.
3. Mit einem scharfen Küchenmesser Entenflügel und -keulen abtrennen. Den Rumpf samt Knochen in 2 cm lange Stücke schneiden. Von den Keulen das Fleisch ablösen und in kleine Stücke schneiden. Flügel nicht verwenden.
4. Ei, Stärkemehl, Wasser, Sojasauce, Backpulver, Salz und Pfeffer in einer Schüssel zu einem glatten Teig verrühren. 4–5 cm hoch Öl in einer Pfanne erhitzen. Die Entenstücke in den Teig tauchen, abtropfen lassen und portionsweise je 2 Minuten in ganz heißem Öl fritieren, bis sie braun und kroß sind (sie sollen schwimmend ausgebacken werden). Auf Küchenpapier abtropfen lassen und sofort mit Zitronensauce servieren. Mit gegrillten Bananen oder dünnen Zitronenscheiben sowie feinen Frühlingszwiebelstreifen anrichten.

Hinweis: Frühlingszwiebeln und Ingwer im Kochwasser geben der Ente beim Dämpfen ein feines Aroma. Das Wasser nicht abgießen: Es kann als leichte Entenbrühe für Suppen verwendet werden. Wer die Entenflügel nicht verzehren will, kann sie vor dem Dämpfen abtrennen und ebenfalls zum Kochwasser geben. Die Ente kann bei Bedarf bereits am Vortag gedämpft werden.

Knusprige Ente mit Zitronensauce

1 Crêpe vorsichtig wenden und auf beiden Seiten braten.

2 Bohnensprossen und Gurkenwürfel zur Füllung geben.

Crêpes mit Garnelenfüllung

Vorbereitungszeit:
45 Min.
Zubereitungszeit:
35 Min.
Ergibt 12 Stück

1 1/2 Becher Weizenmehl
625 ml Wasser
2 Eier, geschlagen
Salz und Pfeffer
3 EL Öl

Füllung
1 1/2 EL Öl
3 cm großes Stück Ingwer, gerieben
1 große Karotte, geschält und gerieben
1 Selleriestange, feingewürfelt
150 g rohes Garnelenfleisch, feingehackt
1 Becher Bohnensprossen
3 EL Salatgurke, feingewürfelt
2 EL Sherry
1 EL Sojasauce
2 TL Sesamöl
2 TL Stärkemehl
2 Eier, geschlagen
60 ml Wasser
2 TL Stärkemehl
2 EL Öl, extra

1. Mehl in eine Schüssel sieben und in die Mitte eine Mulde drücken. Wasser und Eier zugeben und zu einem glatten Teig verrühren. Mit Salz und Pfeffer abschmecken. Für die Crêpes jeweils 1/2 TL Öl in einer beschichteten Pfanne erhitzen, 2 EL Teig hineingeben und durch Schwenken der Pfanne zu einem dünnen Crêpe verlaufen lassen. 30 Sekunden backen, dann wenden und nochmals 10 Sekunden backen.
2. Für die Füllung: Öl in einer Pfanne erhitzen. Ingwer, Karotten und Sellerie 2 Minuten bei starker Hitze anbraten. Garnelenhack zugeben und 1 Minute weiterbraten, bis sich das Fleisch rosa färbt. Bohnensprossen und Gurken zufügen. Vom Herd nehmen. Sherry, Sojasauce, Sesamöl und Stärkemehl glattrühren, zur Garnelenmasse geben und nochmals zum Kochen bringen. Beiseite stellen und abkühlen lassen.
3. Gut 1 EL der Füllung auf einen Crêpe geben. Die Seiten nach innen falten und den Crêpe aufrollen.
4. Ei, Wasser und Stärkemehl in einer flachen Schale anrühren. Crêpe-Rollen darin wenden und in heißem Öl beidseitig 2 Minuten goldbraun braten. Sofort servieren.

Crêpes mit Garnelenfüllung

3 Mischung in die Mitte des Crêpes geben und einrollen.

4 Crêpes 2 Minuten lang auf jeder Seite goldbraun braten.

Thailändische Teigtaschen

Vorbereitungszeit: 15 Min.
Zubereitungszeit: 20 Min.
Ergibt 36 Stück

2 EL Öl
4 Frühlingszwiebeln, gehackt
1 Zwiebel, gehackt
1 Knoblauchzehe, zerdrückt
250 g Hackfleisch vom Schwein oder Hähnchen
1 EL Thai-Gewürzmischung
1 Becher gekochte Kartoffeln, püriert
4 Lagen Tiefkühl-Blätterteig, aufgetaut
Öl zum Braten

1. Öl in einer Pfanne erhitzen. Frühlingszwiebeln, Zwiebel und Knoblauch 2–3 Minuten darin glasig dünsten. Hackfleisch zugeben und unter Rühren 4–5 Minuten bräunen. Gewürzmischung und zerdrückte Kartoffeln zufügen und 1 Minute verrühren. Vom Herd nehmen und abkühlen lassen.
2. Blätterteig in 9 gleich große Quadrate schneiden. Je 1 TL der Mischung in die Mitte eines Teigquadrats geben und den Teig zu einem Dreieck falten. Ränder mit einer Gabel festdrücken.
3. In einer großen, tiefen Pfanne 2–3 cm hoch Öl erhitzen. Die Taschen darin portionsweise beidseitig braten, bis sie aufgehen und goldgelb sind (ca. 2 Minuten). Auf Küchenpapier abtropfen lassen. Dazu paßt süße Chilisauce.

Hinweis: Statt Thai-Gewürz kann auch Zitronengras, Korianderkraut und Chilischote, jeweils gehackt, und 1 Spritzer Fischsauce verwendet werden.

Knusprige Gemüsepuffer

Vorbereitungszeit: 20 Min.
Zubereitungszeit: 10–15 Min.
Ergibt ca. 24 Stück

1/2 Becher Weizenmehl
1/4 TL Backpulver
1/4 Becher Kichererbsenmehl
1 EL frischer Koriander, gehackt
1 TL Chilipulver
1/2 TL Garam Masala
1/4 TL Kreuzkümmel, gemahlen
1/4 TL Curry
1 Knoblauchzehe, zerdrückt
125 ml Wasser
130 g Maiskörner aus der Dose, abgetropft
1 Kartoffel, geschält und feingewürfelt
1 Zucchini, feingewürfelt
1 Karotte, feingewürfelt
1/2 Becher Blumenkohl, feingehackt
Öl zum Braten

1. Beide Mehlsorten und Backpulver in eine große Schüssel sieben. Koriander, Chili, Garam Masala, Kreuzkümmel, Curry und Knoblauch zugeben. In die Mitte der Mischung eine Mulde drücken. Wasser nach und nach zugießen und alles zu einem geschmeidigen Teig verrühren.
2. Mais, Kartoffeln, Zucchini, Karotte und Blumenkohl unter den Teig mischen. Gut würzen.
3. In einer Pfanne 1–2 cm hoch Öl erhitzen. Für die Puffer je einen EL der Mischung beidseitig 2–3 Minuten im Öl goldgelb ausbacken. Auf Küchenpapier abtropfen lassen. Nach Wunsch mit Chilisauce servieren.

Hinweis: Anstelle von Kichererbsenmehl kann ersatzweise auch Weizenmehl verwendet werden.

Thailändische Teigtaschen (oben) und Knusprige Gemüsepuffer

Scharfe Rindfleischbällchen

Vorbereitungszeit:
35 Min.
Zubereitungszeit:
30 Min.
Ergibt ca. 25 Stück

6 getrocknete chinesische Pilze
250 ml heißes Wasser
250 g Rinderhackfleisch
30 g Schweinespeck, feingewürfelt
2 chinesische Würstchen, feingewürfelt
2 Knoblauchzehen, gehackt
3 Frühlingszwiebeln, feingehackt
1 EL Wasserkastanien, abgetropft und feingehackt
3 TL Sesamöl
2 TL Sojasauce
2 TL chinesischer Wein oder Sherry
1 TL Stärkemehl

1. Pilze 10 Minuten in heißem Wasser einweichen, abgießen und fein hacken, dabei die harten Stiele entfernen.
2. Rinderhackfleisch mit einem Wiegemesser fein zerkleinern. Mit Speck, Würstchen, Knoblauch, Frühlingszwiebeln und Wasserkastanien in eine Schüssel geben.
3. Sesamöl, Sojasauce, Wein und Stärkemehl glattrühren und zur Rindfleischmischung geben. Mit den Fingern gründlich durchkneten und kleine Bällchen daraus formen.
4. Den Boden eines Dampfkorbs mit Backpapier auslegen. Die Fleischbällchen darauf anordnen, ohne daß sie sich berühren (eventuell portionsweise garen). Über kochendem Wasser zugedeckt ca. 10 Minuten dämpfen. Die Bällchen müssen gar und außen fest sein. Sofort mit Chilisauce oder Sesamöl servieren.

Hinweis: Die Fleischbällchen können auch im Fett ausgebacken werden. Dazu 500 ml Öl in einer Pfanne erhitzen. Bällchen portionsweise bei mittlerer Hitze dunkelbraun braten (ca. 5–6 Minuten), gelegentlich wenden. Mit einem Schaumlöffel herausnehmen und auf Küchenpapier abtropfen lassen. Noch knuspriger werden die Bällchen, wenn man sie vor dem Ausbacken in Stärkemehl wendet.

Hinweis: Je feiner das Hackfleisch zerkleinert ist, um so homogener und fester werden die Bällchen.

Gegrillte Pilze mit Sesamsamen

Vorbereitungszeit:
15 Min.
Zubereitungszeit:
10 Min.
Für 4–6 Personen

1 EL Sesamsamen
400 g flache Pilze oder Shiitakepilze
2 EL Teriyakisauce
2 EL Mirinwein oder süßer Sherry
1 EL Zucker
1 EL Schnittlauch, feingehackt
1 TL Sesamöl
10 Halme Schnittlauch, auf 2 cm Länge geschnitten

1. Den Ofen auf mittlere Hitze (180 °C) vorheizen. Ein Backblech mit Aluminiumfolie auslegen. Sesamsamen auf das Blech streuen und 10 Minuten backen.
2. Pilze mit einem feuchten Tuch abreiben und die Stiele entfernen. Pilze in eine flache Schale legen. Teriyakisauce, Mirin, Zucker, Schnittlauch und Sesamöl miteinander vermischen und über die Pilze gießen. 5 Minuten ziehen lassen.

Gegrillte Pilze mit Sesamsamen (oben) und Scharfe Rindfleischbällchen

3. Pilze auf ein Backblech legen, mit der Hälfte der Marinade bestreichen und 5 Minuten unter den vorgeheizten Grill schieben. Wenden, mit der restlichen Marinade bestreichen und nochmals 5 Minuten grillen. Mit den gerösteten Sesamsamen und Schnittlauch garnieren.

Tempura

In Japan bevorzugt man sehr frische Zutaten und einfache Zubereitung. Darin liegt auch das Geheimnis von Tempura: Fisch- oder Gemüsestückchen in hauchdünner Teighülle, fein ausgebacken.

Garnelen-Tempura
Vorbereitungszeit:
20 Min.
Zubereitungszeit:
15 Min.
Für 4 Personen

8 rohe Riesengarnelen
Weizenmehl
Öl zum Fritieren
Wasabi (siehe S. 5)

Teig
250 ml Eiswasser
1 Eigelb
1 Becher Weizenmehl, gesiebt

Sauce
60 ml Sojasauce
2 EL Zitronensaft
2 EL Mirinwein (süßer japanischer Wein)
1 EL Sake (japanischer Reiswein)

1. Garnelen aus den Schalen lösen, Schwänze daranlassen, Darm entfernen. An der Unterseite längs einschneiden, damit sie sich nicht ringeln. Mit der Hand geradedrücken.
2. **Für den Teig:** Wasser und Eigelb verschlagen. Mehl darüberstreuen und mit einer Gabel oder Stäbchen kurz einrühren (die Masse wird klumpig).
3. Garnelen in Mehl wenden und leicht abklopfen. In den Teig tauchen (Klümpchen beiseiteschieben) und etwas abtropfen lassen. In heißem Öl fritieren, bis sie goldgelb und kroß sind. Auf Küchenpapier abtropfen lassen.
4. **Für die Sauce:** Sojasauce, Zitronensaft, Mirinwein und Sake in einer Schale mischen. Mit Wasabi zu den Garnelen servieren.

Tempura mit Kartoffeln, Kürbis und Zwiebeln
Kartoffeln und Kürbis in feine Scheibchen, Zwiebeln in Ringe schneiden. Gemüse in Mehl wenden und abklopfen. In Tempura-Teig tauchen und etwas abtropfen lassen. Portionsweise in heißem Öl ausbacken, bis es außen kroß und innen weich ist; dabei gelegentlich wenden. Auf Küchenpapier abtropfen lassen.

Gemüsebündel
Karotten, Bohnen, Zucchini und Frühlingszwiebeln in ca. 5 cm lange Stifte schneiden. Gemischte Gemüsebündel aus je 5–6 Stiften bilden. Mit Mehl bestreuen. Mit einer Zange oder Stäbchen greifen und leicht abklopfen. Bündel in den Teig tauchen, abtropfen lassen und in heißem Öl goldgelb ausbacken.

Tempura mit Meeresfrüchten
Fischfilet ohne Gräten in Streifen oder Stückchen, Calamari in Ringe oder feine Streifen schneiden. In Mehl wenden, abklopfen. In Tempura-Teig tauchen und portionsweise fritieren, bis sie goldgelb, kroß und gar sind (Fisch ca. 2 Minuten, Calamari 1 Minute).

Einige Tips:
- Am besten schmeckt Tempura mit dünnem Ausbackteig.
- Den Teig unmittelbar vor Gebrauch zubereiten, da er durch langes Stehen zäh wird.
- Zu viel Rühren macht den Teig zu dick, kleine Klümpchen schaden nicht. Gelegentliches Umrühren verhindert, daß der Teig gerinnt.
- Tempura sollte nicht fett sein. Dazu muß das Öl konstant sehr heiß gehalten werden, damit sich die Poren der Speisen sofort schließen.
- Ob das Öl heiß genug ist, kann man testen, indem man probeweise etwas Teig hineintropfen läßt: Es muß sofort zischen.

Von links: Garnelen-Tempura; Tempura mit Kartoffeln, Kürbis und Zwiebeln; Gemüsebündel; Tempura mit Meeresfrüchten

Würzige Fischbällchen

Vorbereitungszeit:
20 Min. + 30 Min. Kühlzeit
Zubereitungszeit:
20 Min.
Ergibt ca. 20 Stück

200 g Fisch ohne Gräten
100 g rohes Krabbenfleisch
2 Frühlingszwiebeln, feingehackt
2 TL Sesamöl
1/4 TL Fünf-Gewürze-Pulver
Salz und Pfeffer
Öl zum Fritieren

1. Fisch und Garnelenfleisch mit dem Pürierstab fein verarbeiten. Zusammen mit Frühlingszwiebeln, Sesamöl, Gewürzpulver, Salz und Pfeffer in eine Schüssel geben.
2. Masse mit den Fingern gründlich durchmischen und 30 Minuten kaltstellen.
3. Aus der Mischung kleine Bällchen formen. 1–2 cm hoch Öl in einer Pfanne erhitzen und die Bällchen bei mittlerer Hitze portionsweise goldgelb ausbacken. Auf Küchenpapier abtropfen lassen. Dazu paßt Chilisauce mit einem Schuß Sesamöl.

Hinweis: Besonders kroß und luftig wird die Kruste, wenn man die Bällchen vor dem Ausbacken in Stärkemehl wendet. Fisch und Garnelen können auch mit dem Küchenbeil fein gewiegt werden; so erhalten sie eine weniger dichte Konsistenz.

Vietnamesische Crêpes im Salatmantel

Vorbereitungszeit:
20 Min. + 45 Min. Ruhezeit
Zubereitungszeit:
ca. 30 Min.
Für 10 Personen

1 Becher Reismehl
2 TL Stärkemehl
1/2 TL Curry
1/2 TL Kurkuma
250 ml Kokosmilch
125 ml Wasser
60 ml Kokossahne
2 TL Öl
150 g Schweinerippchen; Fleisch ausgelöst, in feinen Streifen
150 g rohes Garnelenfleisch
4 Frühlingszwiebeln, gehackt
150 g Bohnensprossen
10 große Salatblätter
1 Becher frische Minzblätter

Sauce
2 EL Fischsauce
2 EL Limonensaft
1–2 TL frische Chilischote, gehackt
1/2 TL Zucker

1. Mehl, Curry, Kurkuma, Kokosmilch, Wasser und Kokossahne mit dem Pürierstab 30 Sekunden verrühren. Zugedeckt 45 Minuten ruhen lassen, bis der Teig eindickt.
2. In einer gußeisernen Pfanne 1 TL Öl erhitzen. Die Schweinefleischstreifen darin portionsweise bei mittlerer Hitze 1–2 Minuten bräunen. Beiseite stellen.
3. Teig gut durchrühren. Das restliche Öl erhitzen. 2 EL Teig hineingeben, die Pfanne schwenken, so daß ein kleiner, dünner Crêpe entsteht. Ca. 30 Sekunden braten. Sobald die Unterseite knusprig wird, 2 Fleischstreifen, 1 EL Garnelenfleisch, 1 EL Frühlingszwiebeln und 1 EL Bohnensprossen auf den Crêpe schichten. Mit Deckel 1–2 Minuten garen, bis das Garnelenfleisch rosa und das Gemüse weich wird. (Der Crêpe wird an der Unterseite sehr kroß, oben weich und fest.) Crêpe auf eine Platte legen. Restliche Crêpes ebenso zubereiten.
4. Die fertigen Crêpes

Vietnamesische Crêpes im Salatmantel (oben) und Würzige Fischbällchen

mit 2 Minzblättern belegen und einem Salatblatt umwickeln. Mit der Sauce servieren.

5. Für die Sauce: Fischsauce, Limonensaft, Chili und Zucker in eine Schale geben und gut verrühren.

Hinweis: Der Crêpe-Teig kann übrigens bereits am Vortag zubereitet werden. Falls er während der Lagerung zu sehr eindickt, einfach 2 EL Wasser zugeben und durchrühren. Man kann auch größere Crêpes backen und diese durchschneiden oder falten.

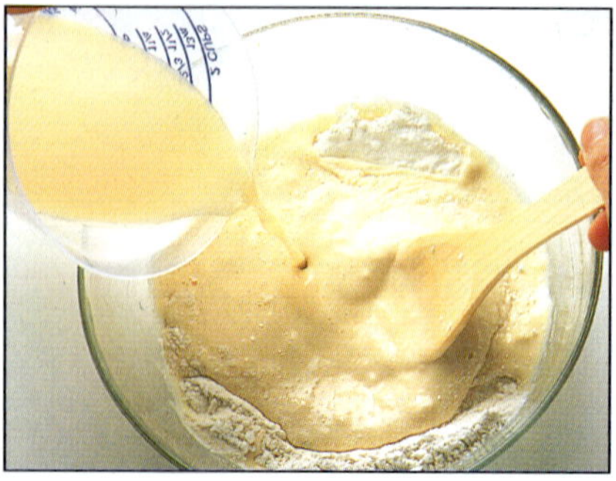

1 Die Eier-Mischung zugießen und alles zu einem glatten Teig verrühren.

2 Mit einem scharfen Küchenmesser die Entenkeulen abtrennen.

Crêpes mit Pekingente

Vorbereitungszeit:
30 Min.
Zubereitungszeit:
20 Min.
Ergibt ca. 15 Stück

$^{3}/_{4}$ Becher Weizenmehl
$^{1}/_{3}$ Becher Stärkemehl
2 Eier
200 ml Wasser
60 ml Milch
2 TL feiner Zucker
1 EL Öl
$^{1}/_{2}$ große Pekingente, gebraten
60 ml Hoisinsauce
1 EL chinesischer Wein (Shaosing)
6 Frühlingszwiebeln, in 4 cm großen Stücken, längs geschnitten

1. Mehl und Stärkemehl in einer großen Schüssel mischen und in die Mitte eine Mulde drücken. Eier, Wasser, Milch und Zucker in einer extra Schüssel verrühren. Eier-Mischung langsam unter das Mehl rühren, bis ein glatter Teig entsteht.
2. Öl in einer Pfanne erhitzen. 2 EL Teig hineingeben und durch Schwenken der Pfanne zu einem runden Crêpe formen. 2 Minuten bei mittlerer Hitze backen, bis die Unterseite knusprig und goldgelb wird; dann wenden und die andere Seite 10 Sekunden backen. Crêpe auf einen Teller geben und im Ofen bei niedriger Temperatur warm halten.
Restliche Crêpes ebenso zubereiten.
3. Mit einem Küchenbeil oder scharfen Messer die Entenkeule abtrennen. Fleisch vom Rumpf lösen und in 2 cm lange Streifen schneiden, dabei die Knochen entfernen. Von der Keule Haut und Knochen entfernen und das Fleisch ebenfalls schnetzeln.
4. Je ca. 2 EL Fleisch und Haut auf einen Crêpe häufen, mit der Mischung aus Hoisinsauce und Wein besprenkeln und die Frühlingszwiebelstreifen darüberstreuen. Aufrollen und sofort servieren.

Crêpes mit Pekingente

TIP
Anstelle von Pekingente, die nicht immer einfach zu bekommen ist, kann auch gebratenes Hähnchen oder gegrilltes Schweinefleisch verwendet werden.

3 Das Entenfleisch mit einem scharfen Messer in feine Streifen schneiden.

4 Die Crêpes mit Fleischstreifen, Frühlingszwiebeln und Sauce füllen.

Singara

Vorbereitungszeit:
45 Min. + 30 Min. Kühlzeit
Zubereitungszeit:
20–25 Min.
Ergibt ca. 50 Stück

1 TL Kreuzkümmelsamen
1/2 TL schwarze Senfkörner
1/2 TL Bockshornkleesamen
1/4 TL Fenchelsamen
1/2 TL Chilipulver
1 EL Öl
2 Knoblauchzehen, gehackt
1 kleine Zwiebel, gehackt
2 mittelgroße Kartoffeln (ca. 350 g), geschält und feingewürfelt
60 ml Wasser
1 EL Zitronensaft
Salz und Pfeffer
25 Teighüllen für Frühlingsrollen
Öl zum Fritieren

1. Kreuzkümmel, Senfkörner, Bockshornklee- und Fenchelsamen in der Gewürzmühle oder mit dem Mörser grob mahlen. Chilipulver zufügen. Öl in einer gußeisernen Pfanne erhitzen, Knoblauch und Gewürze zufügen und 2 Minuten bei mäßiger Hitze andünsten, dabei ständig umrühren. Gehackte Zwiebel und Kartoffeln zugeben und 2 Minuten unter Rühren weiterdünsten. Das Wasser zugießen und alles zugedeckt 8 Minuten dünsten; die Kartoffeln sollen gar sein. Den Zitronensaft zufügen und mit Salz und Pfeffer abschmecken. Die Mischung 30 Minuten abkühlen lassen.
2. Die Teighüllen für die Frühlingsrollen zugedeckt halten und immer nur eine Hülle verarbeiten. Dazu die Teighülle halbieren und die Ränder mit Wasser befeuchten. 2 TL Füllung ans Ende einer Teigscheibe geben, dabei einen Rand frei lassen. Den Teigrand über die Füllung schlagen, so daß ein Dreieck entsteht und durch wiederholtes Falten eine dreieckige Tasche formen. Die Ränder fest andrücken und die Taschen auf ein Backblech legen.
3. In einer tiefen Pfanne 4–5 cm hoch Öl erhitzen; die Taschen portionsweise 2–3 Minuten goldgelb ausbacken. Auf Küchenpapier abtropfen lassen. Nach Wunsch mit einer kühlen Sauce aus Naturjoghurt und feingewürfelter Salatgurke servieren.

Tandoori-Hähnchenhappen mit Minzjoghurt (oben) und Singara mit Gurkenjoghurt

Tandoori-Hähnchenhappen mit Minzjoghurt

Vorbereitungszeit:
25 Min. + Marinierzeit über Nacht
Zubereitungszeit:
45 Min.
Für 4–6 Personen

1 1/2 kg Hähnchenstücke
Saft einer halben Zitrone
1/2 TL Salz
1/4 TL Kardamomsamen
2 TL Kreuzkümmelsamen
1 TL Fenchelsamen
3 TL frischer Ingwer, gerieben
3 Knoblauchzehen, zerdrückt
1 TL Chilipulver
200 g Naturjoghurt
1 EL Butter, zerlassen

Minzjoghurt
200 g Naturjoghurt
1 EL frische Minze, gehackt
1 TL Zucker
1/4 TL Salz

1. Hähnchen enthäuten und mit einem scharfen Messer mehrmals einritzen. Mit Zitronensaft-Salz-Gemisch einreiben. Eine kleine Bratpfanne erhitzen, Kardamom, Kreuzkümmel und Fenchelsamen hineingeben und 2 Minuten bei starker Hitze rösten, bis die Gewürze ihren Geruch entfalten. Gewürze mit

Ingwer, Knoblauch, Chili und Joghurt in einer großen Schüssel mischen. Danach die Hähnchenstücke darunterheben und, damit sie ziehen können, vor der weiteren Verarbeitung über Nacht kalt stellen.

2. Den Ofen auf 210 °C vorheizen. Ein Backblech mit etwas Öl bestreichen. Die Hähnchenstücke darauf legen, mit zerlassener Butter bestreichen und 45 Minuten backen.

3. Für den Minzjoghurt: Joghurt, Minze, Zucker und Salz in einer Schüssel mischen. Zu den Hähnchenhappen servieren.

Jakobsmuscheln „Dim Sum“

Vorbereitungszeit:
10 Min.
Zubereitungszeit:
10 Min.
Für 4–6 Personen

24 Jakobsmuscheln in der Schale
2 EL Teriyakisauce
1 EL Sojasauce
1 EL trockener Sherry
2 Frühlingszwiebeln, feingehackt
2 TL Zitronen- oder Limonensaft
2 TL Austernsauce
1 TL Sesamöl
1 Knoblauchzehe, zerdrückt
½ TL frischer Ingwer, gerieben

1. Den Ofen auf 180 °C vorheizen.
2. Die Muscheln in den Schalen auf ein Backblech legen. Teriyaki- und Sojasauce, Sherry, Frühlingszwiebeln, Saft, Austernsauce, Sesamöl, Knoblauch und Ingwer mischen. Je 1 EL davon über die Muscheln träufeln.
3. Muscheln 5–10 Minuten backen, bis sie weich und weiß sind. (Oder: 5 Minuten unter dem vorgeheizten Grill backen.)

Bunte Dim Sims

Vorbereitungszeit:
60 Min. + 60 Min. Kühlzeit
Zubereitungszeit:
30 Min.
Ergibt ca. 30 Stück

6 getrocknete chinesische Pilze
250 ml heißes Wasser
200 g Schweinehackfleisch
30 g Schweinespeck, feingewürfelt
100 g rohes Garnelenfleisch
1 Selleriestange, feingehackt
2 Frühlingszwiebeln, feingehackt
1 gehäufter EL Bambussprossen, feingehackt
3 TL Stärkemehl
2 TL Sojasauce
1 TL feiner Zucker
Salz und Pfeffer
30 Wan-Tans oder Eierteig-Scheiben

1. Die Pilze 10 Minuten in heißem Wasser einweichen. Abtropfen lassen und fein würfeln, dabei die harten Stiele entfernen.
2. Pilze, Schweinehackfleisch, Speck, Garnelenfleisch, Sellerie, Frühlingszwiebeln und Bambussprossen in einer Schüssel mischen. In einer Tasse Stärkemehl, Sojasauce, Zucker, Salz und Pfeffer glattrühren. Unter die Fleischmasse mischen. Zugedeckt 60 Minuten im Kühlschrank ziehen lassen.
3. Die Teighüllen bei der Zubereitung abgedeckt halten; jeweils nur eine verarbeiten. Je 1 EL Füllung in die Mitte einer Teigscheibe geben, Ecken zur Mitte falten und Ränder festdrücken. (Oder: Teig wie ein Säckchen um die Füllung legen, oben zusammenfassen und etwas flachdrücken.) Auf ein Backblech legen.
4. Den Boden eines Dampfkorbs mit Backpapier auslegen. Die Dim Sims darauf mit genügend Zwischenraum anordnen (notfalls portionsweise garen). Zugedeckt über kochendem Wasser 8 Minuten dämpfen, bis die Teighülle fest und die Füllung gar ist. Sofort mit Chili- oder Sojasauce servieren.

Hinweis: Dim Sims kann man auch fritieren: Vorbereitete Taschen in Stärkemehl wenden und in 500 ml heißem Öl 5–7 Minuten ausbacken. Auf Küchenpapier abtropfen lassen.

Bunte Dim Sims (oben) und Jakobsmuscheln „Dim Sum“

Spare Ribs süß-sauer

Vorbereitungszeit:
15 Min.
Zubereitungszeit:
60 Min. + Marinierzeit über Nacht
Für 6–8 Personen

150 ml süß-saure Sauce
2 TL Chili, gehackt
1 TL Stärkemehl
2 EL trockener Sherry
2 EL Sojasauce
$^{1}/_{4}$ TL Fünf-Gewürze-Pulver
$^{1}/_{4}$ TL Ingwer, gerieben
6 Knoblauchzehen, zerdrückt
1 $^{1}/_{2}$ kg Rippchen vom Schwein (Spare Ribs), in kleinen Stücken
1 EL Schnittlauch

1. Süß-saure Sauce, Chili, Stärkemehl, Sherry, Sojasauce, Gewürzpulver, Ingwer und Knoblauch in einer Schüssel mischen. Rippchen zufügen und gut mit der Marinade vermengen.
2. Zugedeckt über Nacht im Kühlschrank marinieren lassen.
3. Ofen auf 180 °C vorheizen. Ein Backblech mit Öl bestreichen, die Spare Ribs darauf verteilen und 60 Minuten goldgelb backen; dabei alle 20 Minuten wenden. Heiß mit Schnittlauch garniert servieren.

Hähnchenflügel „Lemon and Lime“

Vorbereitungszeit:
20 Min. + Marinierzeit über Nacht
Zubereitungszeit:
25 Min.
Ergibt 24 Stück

12 Hähnchenflügel
1 TL abgeriebene unbehandelte Limonenschale
1 TL abgeriebene unbehandelte Zitronenschale
Saft von 1 Zitrone
Saft von 1 Limone
1 TL Öl
$^{1}/_{2}$ TL Sambal Oelek
2 Knoblauchzehen, zerdrückt
2 EL frisches Korianderkraut, gehackt
Salz

1. Hähnchenflügel halbieren (eventuell die Spitzen entfernen).
2. Schalen, Saft, Öl, Sambal Oelek, Knoblauch, Koriander und Salz in eine Schüssel geben. Hähnchenstücke daruntermischen. Zugedeckt über Nacht im Kühlschrank ziehen lassen.
3. Ofen auf 210 °C vorheizen. Ein Backblech mit Öl bestreichen. Hähnchenstücke darauf verteilen und 20 Minuten, bzw. bis sie gar sind, backen. Anschließend noch 3–5 Minuten grillen, bis sie knusprig und goldbraun sind; dabei gelegentlich wenden. Dazu paßt süße Chilisauce.

Knackiges Gemüse mit asiatischem Dressing

Vorbereitungszeit:
15 Min.
Zubereitungszeit:
5 Min.
Für 6–8 Personen

200 g Brokkoli
200 g Blumenkohl
1 Bund frischer Spargel

Asiatisches Dressing
2 EL Öl
1 EL Sesamöl
2 EL Sojasauce
2 EL Limonensaft
2 Knoblauchzehen, zerdrückt
1 TL Zucker
$^{1}/_{2}$ TL frischer Ingwer, gerieben
2 TL frisches Korianderkraut, gehackt

1. Kohlgemüse in Röschen zerteilen. Spargel von den holzigen Enden befreien und quer halbieren. Das Gemüse 3 Minuten in kochendem Wasser blanchieren – nicht weich kochen. Dann abgießen

Von oben: Knackiges Gemüse, Spare Ribs süß-sauer und Hähnchenflügel

und in kaltes Wasser legen (dadurch behält es seine Farbe).
2. Gemüse abgießen und gut abtropfen lassen. Mit dem Dressing servieren.

3. Für das Dressing: Öl, Sesamöl, Sojasauce, Limonensaft, Knoblauch, Zucker, Ingwer und Koriander in einer Schale gut verrühren.

Hinweis: Das Gemüsewasser läßt sich übrigens weiterverwerten: Da es viele Aroma- und Nährstoffe enthält, ist es für die Zubereitung von Suppen geeignet.

Satay-Spieße

Eine Spezialität aus Malaysia... Fleischwürfel werden in Kräutern mariniert, auf Spießen gegrillt und mit Erdnußsauce serviert. Für 4–6 Personen.

Malaysische Lamm-Satays
Von 500 g Lammfilet Fett und Sehnen entfernen. Das Fleisch quer zur Faser in sehr feine Streifen schneiden. (Mit angefrorenem Fleisch geht es leichter!) 1 grobgehackte Zwiebel, 2 Knoblauchzehen, 2 cm langes Zitronengras (unteren Teil verwenden), 2 dicke Scheiben Galgant, 1 TL gehackten frischen Ingwer, 1 TL gemahlenen Kreuzkümmel, 1/2 TL gemahlenen Fenchel, 1 EL gemahlener Koriander, 1 TL Kurkuma, 1 EL braunen Zucker, und 1 EL Zitronensaft mit dem Pürierstab fein verarbeiten. In eine Porzellanschüssel geben und die Fleischstreifen daruntermischen, so daß sie rundum mit Marinade bedeckt sind. Zugedeckt über Nacht im Kühlschrank ziehen lassen.
Das Fleisch auf Holzspieße stecken und auf jeder Seite ca. 3–4 Minuten grillen, bis es durch ist.
Während des Grillens nochmals mit Marinade bestreichen. Mit Sataysauce servieren.

Chili-Schweinefleisch-Satays
Von 500 g Schweinefilet Fett und Sehnen entfernen. Fleisch in Würfel schneiden und in eine große Schüssel geben. 2 EL Tomatenketchup, 2 EL Hoisinsauce, 2 EL süße Chilisauce, 2 zerdrückte Knoblauchzehen, 60 ml Zitronensaft, 2 EL Honig und 2 TL geriebenen frischen Ingwer in einer Schale gut verrühren. Das Schweinefleisch damit rundum marinieren. Zugedeckt im Kühlschrank einige Stunden oder über Nacht ziehen lassen.
Die Fleischwürfel auf Metall- oder Holzspieße stecken und auf einem geölten, vorgewärmten Grillrost auf jeder Seite 3–4 Minuten grillen, bis das Fleisch durch, aber noch weich ist. Dabei mit der restlichen Marinade bestreichen. Mit Sataysauce servieren.

Sataysauce
250 ml Ananassaft, 1 Becher Erdnußbutter, 1/2 TL Knoblauchpulver, 1/2 TL Zwiebelpulver, 3 EL süße Chilisauce und 60 ml Sojasauce in eine Pfanne geben. 5 Minuten bei mittlerer Hitze erwärmen und dabei glattrühren. Falls nötig, etwas Wasser zufügen.

Thailändische Rindfleischspieße
Von 500 g Rinderfilet oder Rumpsteak Fett und Sehnen entfernen. Fleisch in Würfel schneiden und in eine große Schüssel geben. 2 TL Sesamöl, 1–2 zerdrückte Knoblauchzehen, 4 cm langes, feingehacktes Zitronengras (Wurzel), 2 EL gehackten frischen Koriander (Wurzel und Blätter), 1 EL süße Chilisauce, 1 EL Fischsauce, 1 EL Limonensaft, 2 TL braunen Zucker, je 2 EL frisch gehackte Minze und asiatisches Basilikum sowie 1 EL Sojasauce in einer Schale verrühren. Das Fleisch sorgfältig damit einreiben. Zugedeckt einige Stunden oder über Nacht im Kühlschrank ziehen lassen. Das Fleisch im Wechsel mit Stücken einer roten Zwiebel aufspießen. Auf einen geölten Grillrost legen und beidseitig je 2–3 Minuten grillen, bis das Fleisch zart ist. Dabei nochmals mit Marinade bestreichen.

Teriyaki-Hähnchen
4 Hähnchenbrust- oder Keulenfilets in kleine Würfel schneiden und in eine Schüssel geben. 85 ml Sojasauce, 2 EL Honig, 1–2 zerdrückte Knoblauchzehen, 2 TL geriebenen frischen Ingwer und 1 EL Sherry verrühren und das Fleisch rundum damit einreiben. Zugedeckt einige Stunden oder über Nacht im Kühlschrank ziehen lassen. Je 2 Fleischwürfel im Wechsel mit 3 cm langen Frühlingszwiebelstücken auf Holzspießchen stecken. Auf einen geölten Grillrost legen und beidseitig je 2–3 Minuten grillen, bis das Fleisch durch und weich ist. Dabei nochmals mit Marinade bestreichen. Mit Chilisauce oder Joghurt servieren.

Von links: Lamm-, Schwein-, Rind- und Teriyaki-Hähnchen-Spieße

Scharfe Garnelen-Krabben-Koriander-Bällchen

Vorbereitungszeit:
25 Min. + 30 Min. Kühlzeit
Zubereitungszeit:
15 Min.
Ergibt ca. 25 Stück

250 g rohes Garnelenfleisch
225 g Krabbenfleisch (Dose), gut abgetropft
3 cm großes Ingwerstück, geschält und gerieben
1 EL frische grüne Pfefferkörner, zerstoßen
2 Eiweiß
1 EL Fischsauce
1/2 Becher Korianderblätter
1 TL frische Chilischote, gehackt
1/2 Becher Reismehl
Öl zum Fritieren
Limonenschnitze zum Anrichten

Sauce
2 EL Fischsauce
2 EL Weißweinessig
2 EL Limonensaft
1/2 TL Zucker
2 EL frisches Korianderkraut, gehackt

1. Garnelen- und Krabbenfleisch, Ingwer, Pfefferkörner, Eiweiß, Fischsauce, Koriander und Chili mit dem Pürierstab sorgfältig verarbeiten. Das Mehl darunterrühren und die Masse zugedeckt 30 Minuten kühlstellen.
2. In einer gußeisernen Pfanne 3–4 cm hoch Öl erhitzen. Die Masse teelöffelweise zu Bällchen formen und 3 Minuten fritieren, bis sie braun sind. (Pfanne nicht überfüllen; falls nötig, portionsweise ausbacken.)
Auf Küchenpapier abtropfen lassen, mit Sauce zum Dippen servieren.
3. **Für die Sauce:** Fischsauce, Essig, Limonensaft, Zucker und Koriander gründlich verrühren.

Hinweis: Die Garnelenmasse kann bereits am Vortag zubereitet werden. Über Nacht im Kühlschrank aufbewahren und vor dem Braten auf Zimmertemperatur erwärmen lassen.

Crêpes mit Lammfüllung

Vorbereitungszeit:
25 Min. + 15 Min. Marinierzeit
Zubereitungszeit:
30 Min.
Ergibt ca. 12 Stück

200 g Lammfilet
2 EL Sojasauce
1 EL chinesischer Wein (Shaosing)
1 EL Ingwer, feingehackt
3 Knoblauchzehen, gehackt
1/3 Becher Stärkemehl
3/4 Becher Weizenmehl
2 Eier
200 ml Wasser
60 ml Milch
2 TL feiner Zucker
2 EL Öl
2 EL Hoisinsauce
3 Frühlingszwiebeln, feingehackt

1. Lammfleisch von Sehnen befreien und in feine Streifen schneiden. Fleisch, Sojasauce, Wein, Ingwer und Knoblauch in einer Schüssel sorgfältig vermengen und 15 Minuten ziehen lassen.
2. Stärke- und Weizenmehl mischen, in die Mitte eine Mulde drücken. Die Mischung aus Eiern, Wasser, Milch und Zucker hineingießen und zu einem glatten Teig verrühren.
3. In einer Pfanne 1 EL Öl erhitzen. Bei mittlerer Hitze aus je 2 EL Teig durch Schwenken der Pfanne dünne Crêpes ausbacken; die Unterseite ca. 2 Minuten kroß und goldgelb backen, dann wenden und nochmals 10 Sekunden backen. Fertige Crêpes warm halten.
4. Das restliche Öl in einer Pfanne erhitzen, Lammstreifen portionsweise darin 30–60 Sekunden bei starker Hit-

Crêpes mit Lammfüllung (oben) und Scharfe Garnelen-Krabben-Koriander-Bällchen

ze bräunen. Hoisinsauce in die Pfanne geben, das gesamte Lammfleisch zufügen, umrühren und vom Herd nehmen.

Je 1 EL locker in einen Crêpe wickeln. Mit gehackter Frühlingszwiebel bestreut servieren.

Hinweis: Das Lammfleisch läßt sich leichter klein schneiden, wenn man es vorher 30 Minuten ins Tiefkühlfach legt.

Wachteleier mit Koriander-Minz-Mayonnaise

Vorbereitungszeit:
20 Min.
Zubereitungszeit:
5 Min.
Für 12 Personen

24 Wachteleier
1 EL frischer Koriander
1 EL frische Minze
125 ml Mayonnaise
125 ml Naturjoghurt
1 TL Curry
$^1/_2$ TL Zucker
Salatblätter zum Anrichten

1. Wachteleier in eine Pfanne mit kaltem Wasser legen und zum Kochen bringen. 5 Minuten köcheln lassen, abgießen und in kaltes Wasser legen (dadurch behält das Eigelb seine Farbe).
2. Koriander und Minze fein hacken. Mit Mayonnaise, Joghurt, Curry und Zucker verrühren.
3. Die Eier vorsichtig schälen und längs halbieren. Mit Mayonnaise garniert auf Salatblättern anrichten.

Gow Gees mit Garnelen

Vorbereitungszeit:
30 Min.
Zubereitungszeit:
30 Min.
Ergibt ca. 30 Stück

250 g rohes Garnelenfleisch, grobgehackt
4 Frühlingszwiebeln, in feinen Streifen
1 EL Ingwer, gerieben
2 EL Wasserkastanien, gehackt
3 TL Stärkemehl
2 TL Sesamöl
1 TL Sojasauce
$^1/_2$ TL feiner Zucker
Salz und Pfeffer
30 runde Teigscheiben für Gow Gees
Sesamöl zum Glasieren

1. Garnelenfleisch, Frühlingszwiebeln, Ingwer und Wasserkastanien in einer Schüssel mischen. In einer anderen Schüssel Stärkemehl, Sesamöl, Sojasauce, Zucker, Salz und Pfeffer zu einer homogenen Paste verrühren und unter die Garnelenmischung geben.
2. Die Teigscheiben einzeln verarbeiten, die anderen zugedeckt lassen. Eine Teigscheibe auf die Handfläche legen (so bleibt der Teig warm) und 1 TL der Füllung in die Mitte geben. Den Teig zu einem Halbkreis zusammenschlagen, Ränder festdrücken. Das Gow Gee auf der Arbeitsfläche flach drücken, die Ecken des Halbkreises sichelförmig nach unten ziehen. Dünn mit Sesamöl bestreichen und auf ein geöltes Backblech legen.
3. Den Boden eines Dampfkorbs mit Backpapier auslegen. Die Gow Gees mit Zwischenräumen darauf anordnen (notfalls portionsweise garen). Zugedeckt 8 Minuten über kochendem Wasser dämpfen. Der Teig soll etwas aufgehen und transparent werden. Sofort servieren, nach Wunsch mit einer Mischung aus Sesamöl und Sojasauce.

Hinweis: Gow Gees sollten binnen 60 Minuten nach der Zubereitung gedämpft werden. Feuchter Teig ist unbrauchbar! Teigscheiben halten einzeln tiefgekühlt bis zu 3 Monaten. Gefrorenen Teig vor dem Kochen nicht auftauen, jedoch 2 Minuten länger garen.

Gow Gees mit Garnelen (oben) und Wachteleier mit Koriander-Minz-Mayonnaise

Würziges Hähnchen

Vorbereitungszeit:
20 Min.
Zubereitungszeit:
45 Min. + Marinierzeit über Nacht
Ergibt 16 Stück

3 Frühlingszwiebeln
4 Knoblauchzehen
1 EL Zucker
1 EL Fünf-Gewürze-Pulver
2 EL Fischsauce
2 EL Sojasauce
2 EL süße Chilisauce
Salz
16 Hähnchenteile
Limonenschnitze zum Anrichten

1. Frühlingszwiebeln und Knoblauch fein hacken. Mit Zucker, Gewürzpulver, Fischsauce, Sojasauce, Chilisauce und Salz in einer Schale verrühren.
2. Die Hähnchenteile in einer flachen Porzellanschüssel anordnen und die Marinade löffelweise darübergießen. Hähnchenteile rundum in der Marinade wenden. Zugedeckt über Nacht im Kühlschrank ziehen lassen.
3. Den Ofen auf 210 °C vorheizen. Ein Backblech mit Öl bestreichen, die Hähnchenteile darauf anordnen und 45 Minuten knusprig backen. Warm mit Limonenschnitzen servieren.

Knusprige Char-Sui-Bällchen

Vorbereitungszeit:
40 Min.
Zubereitungszeit:
20 Min.
Ergibt ca. 15 Stück

3 getrocknete chinesische Pilze
125 ml heißes Wasser
2 TL Öl
2 Knoblauchzehen, gehackt
3 Frühlingszwiebeln, gehackt
1 mittelgroße Karotte, geschält und feingehackt
150 g Char Sui (chinesisches Bratenfleisch vom Schwein), feingeschnetzelt
2 TL Austernsauce
1/2 Becher Weizenmehl
1/4 TL feiner Zucker
Salz und Pfeffer
1 EL Öl, zusätzlich
2 EL chinesischer Wein oder Sherry
2 EL kaltes Wasser
Öl zum Ausbacken

1. Pilze 10 Minuten in heißem Wasser einweichen. Abgießen und fein hacken, dabei die harten Stiele entfernen. Öl in einer Pfanne erhitzen; Knoblauch und Frühlingszwiebeln darin 1 Minute unter Rühren andünsten. Karotte und Char Sui zufügen und alles unter ständigem Rühren 2 Minuten braten. Austernsauce und Pilze zugeben. Zugedeckt 1 Minute dünsten. Vom Herd nehmen und ganz abkühlen lassen.
2. Mehl in eine Schüssel sieben und mit Zucker, Salz, Pfeffer, Öl, Wein und Wasser zu einem glatten Teig vermengen. Die Char-Sui-Mischung unterrühren und die Masse zu Bällchen formen.
3. In einer tiefen Pfanne 1–2 cm hoch Öl erhitzen. Bei mittlerer Hitze die Bällchen portionsweise ca. 2 Minuten ausbacken, bis sie goldbraun sind. Auf Küchenpapier abtropfen lassen und sofort servieren.
Dazu passen gegrillte Süßkartoffeln (siehe Abbildung).

Knusprige Char-Sui-Bällchen (oben) und Würziges Hähnchen

Gebratene Zwiebelplätzchen

Vorbereitungszeit:
30 Min.
Zubereitungszeit:
15–20 Min.
Ergibt ca. 30 Stück

1 Becher Weizenmehl
1 Ei, leicht geschlagen
1/2 TL Sesamöl
1–2 EL Wasser
2 Frühlingszwiebeln, feingehackt
3 EL Öl
Sesamöl, zusätzlich

1. Für den Teig das Mehl in eine große Schüssel geben. In die Mitte eine Vertiefung drücken und Ei, Sesamöl und 1 EL Wasser hineingeben. Mit einem vorne abgerundeten Messer vermengen, bis allmählich ein weicher Teig entsteht. Falls nötig, noch etwas Wasser in kleinen Mengen zugeben. Zuletzt den Teig zu einer Kugel formen und 20 Minuten kühlstellen.
2. Den Teig auf einer bemehlten Unterlage mit den Händen weichkneten und etwa 2 mm dick rechteckig ausrollen.
3. Die Oberfläche mit etwas Sesamöl bestreichen und die Frühlingszwiebeln darüberstreuen. Die Längsseiten des Teigs bündig zur Mitte falten. Teig etwas flachdrücken, von einem Ende her aufrollen, auf die Seite legen und 2 mm dick ausrollen.
4. Plätzchen mit 4 cm Durchmesser ausstechen.
5. In einer flachen, beschichteten Pfanne 1 EL Öl erhitzen und die Plätzchen portionsweise auf beiden Seiten braten, bis sie aufgehen und goldgelb sind; dabei jeweils zusätzliches Öl in die Pfanne geben. Sofort servieren.

TIP
Dazu paßt hervorragend ein Dip aus süßer Chilisauce, einem Spritzer Sojasauce und etwas Zitronensaft. Zusätzlich zu den Zwiebeln kann man auch frischen geschnittenen Schnittlauch, Basilikum oder Koriander mitverarbeiten.

Gebratene Zwiebelplätzchen

1 Die Teigzutaten mit einem Messer hacken, bis sie sich zu einem Teig verbinden.

2 Den Teig auf einer bemehlten Unterlage kneten, bis er geschmeidig ist.

3 Die Längsseiten des Teigrechtecks über den Frühlingszwiebeln zur Mitte falten.

4 Plätzchen mit 4 cm Durchmesser ausstechen.

Süßkartoffelpuffer

Vorbereitungszeit:
25 Min.
Zubereitungszeit:
10–15 Min.
Ergibt ca. 30 Stück

1 Becher Weizenmehl
3/4 Becher Reismehl
1/3 Becher Stärkemehl
2 Eier, geschlagen
250 ml kaltes Wasser
1 TL Salz
1/4 TL schwarzer Pfeffer
2 Becher Süßkartoffeln, geschält und geraspelt
1 kleine Frühlingszwiebel, feingehackt
2 Knoblauchzehen, gehackt
1/2 Becher Sojabohnensprossen, grobgehackt
Öl zum Ausbacken
30 kleine Garnelen, gekocht und geschält

Sauce
80 ml Weißweinessig
80 ml kaltes Wasser
2 Knoblauchzehen, zerdrückt
1 TL Salz

1. Drei Mehlsorten, Eier, Wasser, Salz und Pfeffer mit dem Pürierstab glattrühren (ca. 1 Minute). In einer Schüssel den Teig, Süßkartoffeln, Frühlingszwiebel, Knoblauch und Bohnensprossen mischen.
2. In einer Pfanne 1–2 cm hoch Öl erhitzen. Für die Puffer je 1 gehäuften EL der Mischung mit Hilfe eines weiteren Löffels in das Öl geben und 2 Minuten goldbraun ausbacken; dabei je eine Garnele auf einen Puffer drücken. Auf Küchenpapier abtropfen lassen. Sofort mit Sauce servieren.
3. Für die Sauce: Essig, Wasser, Knoblauch und Salz in einer Schale gründlich verrühren.

Hähnchen „Black Satin"

Vorbereitungszeit:
15 Min.
Zubereitungszeit:
60 Min.
Für 10 Personen

3 getrocknete chinesische Pilze
125 ml heißes Wasser
125 ml dunkle Sojasauce
1/4 Becher brauner Zucker
2 EL chinesischer Wein (Shaosing)
1 EL Sojasauce
1 TL Sesamöl
1/4 TL gemahlener Anis (oder ganzer Sternanis)
1,4 kg Hähnchen
4 cm großes Ingwerstück, geschält und gerieben
1 TL Salz

1. Die Pilze gründlich in Wasser einweichen; danach abgießen und dabei die Flüssigkeit aufheben. Dunkle Sojasauce, Zucker, Wein, Sojasauce, Sesamöl, Anis und die Einweichflüssigkeit in einer kleinen Pfanne mischen und unter gründlichem Rühren zum Kochen bringen.
2. Das Hähnchen innen mit Ingwer und Salz einreiben und in eine große Pfanne geben. Danach die Soja-Marinade und die Pilze darübergießen und das Hähnchen mehrmals in der Marinade wenden. Mit einem Deckel zugedeckt bei geringer Hitze ca. 55 Minuten garen, dabei wiederum mehrmals wenden. Zum Schluß empfiehlt sich folgende Garprobe: Das Fleisch mit einem Spieß einstechen – der Bratensaft muß klar sein. Erst, wenn es wirklich gar ist, das Hähnchen herausnehmen und vor der weiteren Verarbeitung etwas abkühlen lassen. Die Sauce hingegen zum Kochen bringen und köchelnd eindicken lassen. Danach die Pilze entfernen.
3. Das Hähnchen entlang des Rückgrats mit einem großen Küchenmesser oder -beil teilen. Flügel und Keulen abtrennen und halbieren, Rumpf in 2 cm große Stücke schneiden.

Süßkartoffelpuffer (oben) und Hähnchen „Black Satin"

Hähnchenteile auf einer Platte anrichten, mit der Bratensauce bestreichen und servieren. Dazu passen feine Frühlingszwiebelstreifen. Die Sauce kann man auch getrennt als Dip servieren.

Hinweis: Dunkle Sojasauce ist in ihrer Konsistenz dicker als die übliche helle; in Asienläden erhältlich.

Empanadas

Vorbereitungszeit:
30 Min. + 30 Min. Kühlzeit
Zubereitungszeit:
40 Min.
Ergibt 24 Stück

Füllung
1 EL Öl
4 Speckstreifen, feingehackt
1 große Zwiebel, feingehackt
3 Knoblauchzehen, gehackt
150 g Hackfleisch von Schwein und Kalb
150 g Hackfleisch vom Hähnchen
2 EL Tomatenmark
1 TL brauner Zucker
1 EL Wasser
2 Eier, hartgekocht und gehackt
4 Essiggurken, feingewürfelt (nach Belieben)
$^{1}/_{2}$ Becher Korianderblätter, gehackt
1 Eiweiß, geschlagen
Öl zum Ausbacken

Teig
$2^{1}/_{4}$ Becher Weizenmehl
125 ml Wasser
1 Ei, geschlagen
1 TL feiner Zucker
50 g Butter, zerlassen

1. Das Öl in einer Pfanne erhitzen; Speck, Zwiebeln und Knoblauch hineingeben und bei mittlerer Hitze unter Rühren 5 Minuten anbraten. Das Hackfleisch zugeben, verrühren und 5 Minuten bräunen. Klumpen dabei mit einer Gabel verteilen. Tomatenmark, Zucker und Wasser zugeben und die Masse unter Rühren zum Kochen bringen. Hitze verringern und 20 Minuten ohne Deckel köcheln lassen. Eier, gegebenenfalls Gurken und Koriander daruntermischen. Die Masse mindestens 30 Minuten abkühlen lassen.
2. **Für den Teig:** Mehl, Wasser, Ei, Zucker und Butter mit dem Pürierstab 20–30 Sekunden verrühren, bis ein homogener Teig entsteht. Auf einer bemehlten Unterlage nochmals durchkneten. Mit Klarsichtfolie umwickeln und 10 Minuten ruhen lassen.
3. Den Teig zu einem Rechteck (20 x 30 cm) ausrollen. Mit zerlassener Butter bestreichen und fest aufrollen. Die Teigrolle in 3 cm dicke Scheiben schneiden und diese mit einem Geschirrtuch abdecken, damit sie nicht austrocknen. Eine Teigscheibe auf rund 8 cm Durchmesser ausrollen. 2 EL der Füllung in die Mitte geben. Die Ränder mit etwas Eiweiß bestreichen. Teig halbkreisförmig zusammenschlagen, Ränder festdrücken und nach Wunsch mit Hilfe einer Gabel verzieren. Restliche Empanadas genauso zubereiten.
4. In einer großen Pfanne 1–2 cm hoch Öl erhitzen. Bei mittlerer Hitze die Empanadas portionsweise beidseitig je 2–3 Minuten ausbacken. Auf Küchenpapier abtropfen lassen und servieren.

TIP
Empanadas sind besonders auf den Philippinen ausgesprochen beliebt, vor allem als schmackhafter und pikanter Imbiß für Zwischendurch. Dazu die Teigscheiben auf 16 cm Durchmesser ausrollen (Teigrolle vorher in 5–6 Scheiben schneiden!) und mit der doppelten Füllmenge wie oben zubereiten. Mit etwas mehr Öl und etwas länger backen.

Empanadas

Chinesische Würstchen im Teigmantel

Vorbereitungszeit:
30 Min. + 25 Min. Marinierzeit
Zubereitungszeit:
30 Min.
Ergibt ca. 12 Stück

Teig
1 Becher Mehl
1 gestrichener TL Backpulver
60 ml warme Milch
2 TL feiner Zucker
2 TL Schweineschmalz

Füllung
6 chinesische Schweinswürstchen (Lup Chiang)
2 EL Pflaumen- oder Hoisinsauce
2 TL Sojasauce

1. Mehl und Backpulver in eine Schüssel sieben. In die Mitte eine Vertiefung drücken und Milch, Zucker und Schmalz hineingeben. Mit einem Holzlöffel zu einem weichen Teig verarbeiten. Mit Klarsichtfolie abdecken und 20 Minuten stehen lassen.
2. Die Würstchen halbieren, in einer Schüssel mit Pflaumen- bzw. Hoisinsauce rundum marinieren. Mit Klarsichtfolie abdecken und rund 25 Minuten durchziehen lassen.
3. Den Teig auf einer bemehlten Unterlage mit bemehlten Händen leicht durchkneten, bis er geschmeidig ist. Teig zu einer 30 cm langen Rolle formen, in 16 Scheiben schneiden und diese mit einem Geschirrtuch abdecken, damit sie nicht austrocknen. Eine Teigscheibe mit bemehlten Fingern zu einer dünnen, ca. 10 cm langen Wurst ausrollen und diese spiralförmig um ein Würstchen wickeln. Die Wurstenden sollen noch sichtbar sein. Auf ein geöltes Blech legen und restliche Würstchen genauso zubereiten.
4. Den Boden eines Dampfkorbs mit Backpapier auslegen. Die eingewickelten Würstchen mit Zwischenräumen darauf anordnen (eventuell portionsweise dämpfen). Zugedeckt über kochendem Wasser 12–15 Minuten dämpfen, bis der Teig aufgeht und außen kroß ist. Sofort servieren, nach Wunsch mit Pflaumen- oder Hoisinsauce.

Hinweis: Chinesische Würstchen (Lup Chiang) sind sehr würzig und aus Schweinefleisch. Sie sind frisch oder verpackt in Asienläden erhältlich.

Indische Garnelenküchlein

Vorbereitungszeit:
25 Min. + 30 Min. Kühlzeit
Zubereitungszeit:
20 Min.
Ergibt ca. 15 Stück

350 g rohe Garnelen
1 mittelgroße Zwiebel, grobgehackt
2 Knoblauchzehen, gehackt
4 cm großes Ingwerstück, gerieben
1–2 EL Currypaste
2 EL Zitronensaft
1/2 Becher Korianderblätter
1 TL Kreuzkümmel
1/2 TL Salz
1/4 TL schwarzer Pfeffer, grobgemahlen
1/2 Becher Kichererbsenmehl
Öl zum Ausbacken

1. Garnelen schälen und Darmfäden entfernen. Garnelen, Zwiebel, Knoblauch, Ingwer, Currypaste, Zitronensaft, Koriander, Kreuzkümmel, Salz und Pfeffer mit dem Pürierstab 20–30 Sekunden zu einer homogenen Masse verarbeiten. Zugedeckt 30 Minuten kühlstellen.
2. Je 1 EL der Mischung zu einem runden Küchlein formen und in Kichererbsen-

Chinesische Würstchen im Teigmantel (oben) und Indische Garnelenküchlein

mehl wenden. In einer tiefen Pfanne 1–2 cm hoch Öl erhitzen und die Küchlein portionsweise bei mittlerer Hitze 3 Minuten goldbraun backen. Auf Küchenpapier gründlich abtropfen lassen. Je nach Geschmack und Wunsch mit Naturjoghurt und Zitronenscheiben servieren.

Hinweis: Currypaste gibt es in verschiedenen Variationen - Madras, Vindaloo, Korma, Green Masala usw., die sich im Geschmack z.T. sehr deutlich voneinander unterschieden. Verwenden Sie beim Kochen und Würzen die Sorte, deren Geschmack, Würze und Schärfe Sie bevorzugen.

Saucen zum Dippen

Asiatische Snacks werden häufig mit Dips serviert. Einige wurden bereits vorgestellt, hier sind noch weitere Rezepte.

Süß-saure Sauce
250 ml Ananassaft, je 60 ml Sherry und Weißweinessig, 2 EL braunen Zucker und 2 EL Sojasauce in einer kleinen Pfanne unter Rühren erwärmen, bis sich der Zucker auflöst. 1 EL Stärkemehl mit 1 EL Wasser glattrühren und zugießen. Köcheln lassen und weiterrühren, bis die Sauce eindickt und klar wird. Warm servieren.

Thai-Sauce
Eine halbe Salatgurke entkernen und fein würfeln. Mit 2 feingehackten Frühlingszwiebeln, 1 feingehackten roten Chilischote (entkernt) und 1 EL feingehacktem Koriander in einer Schale mischen. 85 ml feinen Zucker, 200 ml Weißweinessig und 60 ml Wasser unter Rühren erhitzen, bis sich der Zucker auflöst. Gewürzmischung dazugeben. Abkühlen lassen und servieren.

Scharfe Chilisauce
2 TL Sambal Oelek mit 85 ml Reisweinessig und 1 TL Zucker verrühren.

Ingwer-Sojasauce
2 TL frisch geriebenen Ingwer mit 125 ml Sojasauce verrühren. Nach Wunsch mit 1 zerdrückten Knoblauchzehe oder einem Spritzer süßer Chilisauce abschmecken.

Pflaumensauce
Eingelegte Pflaumen (425-g-Dose) abgießen, Saft aufheben. Früchte entsteinen und pürieren. Saft, Fruchtpüree, ½ Becher braunen Zucker, 125 ml Weinessig, 1 TL geriebenen Ingwer und 2 zerdrückte Knoblauchzehen in einer kleinen Pfanne erhitzen. Aufkochen lassen und bei reduzierter Hitze 30 Minuten köcheln lassen; dabei gelegentlich umrühren. Zimmerwarm servieren.

Im Uhrzeigersinn, von oben links: Süß-saure, Ingwer-, scharfe Chili-, Pflaumen- und Thai-Sauce

Register